Les desserts *sans* sucre

Photos: Lothar Ulrich, Studio Quebecor
Styliste: Rosemarie Superville
Photo de la page couverture: Chiffon à la pêche Melba, p. 45

Données de catalogage avant publication

Eloff, Jennifer
Les desserts sans sucre
Traduction de: More splendid desserts.

1. Desserts. 2. Régimes sans sucre - Recettes.
3. Régimes hypocaloriques - Recettes I. Titre.
TX773.E4614 1998   641.8'6   C97-941557-8

L'ouvrage original canadien a été publié
par Macmillan Canada,
sous le titre *More Splendid Desserts*

Dépôt légal: 1ᵉʳ trimestre 1998
Bibliothèque nationale du Québec

ISBN 2-7619-1414-7

DISTRIBUTEURS EXCLUSIFS :

• Pour le Canada et les États-Unis :
MESSAGERIES ADP*
955, rue Amherst
Montréal, Québec
H2L 3K4
Tél. : (514) 523-1182
Télécopieur : (514) 939-0406
* Filiale de Sogides ltée

• Pour la France et les autres pays :
INTERFORUM
Immeuble Paryseine, 3, Allée de la Seine
94854 Ivry Cedex
Tél. : 01 49 59 11 89/91
Télécopieur : 01 49 59 11 96
Commandes : Tél. : 02 38 32 71 00
                        Télécopieur : 02 38 32 71 28

• Pour la Suisse :
INTERFORUM SUISSE
Case postale 69 - 1701 Fribourg - Suisse
Tél.: (41-26) 460-80-60
Télécopieur : (41-26) 460-80-68
Internet : www.havas.ch
Email : office@havas.ch
DISTRIBUTION : OLF SA
Z.I. 3, Corminbœuf
Case postale 1061
CH-1701 FRIBOURG
Commandes : Tél. : (41-26) 467-53-33
                        Télécopieur : (41-26) 467-54-66
                        Email: commande@ofl.ch

• Pour la Belgique et le Luxembourg :
INTERFORUM BENELUX
Boulevard de l'Europe 117
B-1301 Wavre
Tél. : (010) 42-03-20
Télécopieur : (010) 41-20-24
http ://www.vups.be
Email : info@vups.be

Pour en savoir davantage sur nos publications,
visitez notre site : www.edjour.com
Autres sites à visiter : www.edhomme.com • www.edtypo.com
www.edvlb.com • www.edhexagone.com • www.edutilis.com

Jennifer Eloff

Les desserts sans sucre

LES ÉDITIONS DE
L'HOMME

Remerciements

Ce livre est dédié, avec amour et en toute humilité, au Créateur sans qui rien ne serait possible; c'est en effet grâce à son inspiration que j'ai pu réaliser mon rêve: aider mon prochain.

Je tiens aussi à remercier toutes les personnes qui m'ont soutenue dans la rédaction de ce livre, et en particulier:

toute l'équipe de la Compagnie de produits aux consommateurs McNeil (membre du groupe Johnson & Johnson) au Canada, qui m'a prodigué son enthousiasme, ses encouragements et son appui;

toute l'équipe aussi de la McNeil Specialty Products Company (également membre du groupe Johnson & Johnson) aux États-Unis, qui ne m'a pas ménagé son soutien dynamique;

Bev Benahan, qui a révisé mes recettes avec tant de talent;

mon photographe, Lothar Ulrich, le Studio Quebecor, et Rosemarie Superville, styliste, qui ont réalisé ensemble de si belles photos;

Sue Bailey (PHEc), consultante en économie domestique, qui a essayé plusieurs recettes et participé à la révision du livre;

toute l'équipe d'experts de Nutrient Access (1988) Inc., qui a effectué l'analyse nutritive des recettes;

Katherine Younker, PDt, CDE, diététiste contractuelle de l'Association canadienne du diabète, qui a su attribuer avec précision à mes recettes les valeurs d'échange d'aliments et les symboles correspondants;

les parents et amis qui m'ont proposé des idées de recettes.

Enfin, et surtout, je tiens à exprimer toute mon affectueuse reconnaissance à ma famille: mon mari Ian et mes fils Daniel et Jonathan, qui se sont toujours prêtés de bonne grâce à mes expériences et qui n'ont cessé de me manifester leur patience, leur affection, leur soutien et leur encouragement; je remercie également mon mari de l'appui financier qu'il m'a accordé.

* * *

Je remercie enfin LifeScan (un membre du groupe Johnson & Johnson), «le chef de file canadien de l'autocontrôle de la glycémie chez les personnes atteintes de diabète», qui a commandité mon travail.

Avant-propos

Mon mari ne supporte pas le sucre!

Avant, c'est toute ma famille qui en pâtissait, car je ne faisais pas de gâteaux aussi souvent.

J'ai essayé à peu près tous les édulcorants hypocaloriques offerts dans le commerce. Aucun ne me convenait. Et puis, un jour, j'ai découvert le granulé SPLENDA®.

L'édulcorant hypocalorique SPLENDA® est un similisucre qui remplace plus naturellement le sucre, car c'est du sucre même qu'il tire ses racines (il est composé de sucralose et de dextrine de malte, un glucide dérivé du maïs, qui lui donne sa teneur calorique et nous permet de remplacer tasse pour tasse, le sucre par le granulé SPLENDA®). Mais tandis qu'une tasse de sucre contient 800 calories, SPLENDA® contient moins de 100 calories! Produit chimiquement inerte, il est incroyablement stable aux plus hautes températures de cuisson et convient donc bien à la cuisson en général et à la confection de pâtisseries. Grâce à SPLENDA®, mes desserts sans ajout de sucre sont maintenant presque impossibles à distinguer des gâteaux «classiques» dont ils imitent le goût, la consistance et l'aspect.

Au cours des quatre années qui se sont écoulées pendant que je rédigeais mes deux livres de recettes, ma famille a consommé plus de 5000 tasses de SPLENDA®, sans le moindre incident! Depuis 17 ans, plus de 140 études sur son innocuité ont prouvé que le sucralose ne favorise ni les maladies cardiovasculaires, ni le cancer, ni les tares génétiques, et est sans effet sur le système nerveux central.

Lorsque j'ai commencé à utiliser le granulé SPLENDA® pour faire mes gâteaux, je me suis rapidement rendu compte qu'il ne suffisait pas de le substituer simplement au sucre. Le granulé SPLENDA® se caractérise par une très faible densité (il ne pèse qu'un huitième seulement du poids du sucre), de sorte qu'il donne aux pâtisseries moins de corps et de volume que le sucre. J'ai donc dû me livrer à d'agréables expériences pour parvenir à reproduire la densité et le volume du sucre dans la confection de gâteaux. Je vous livre mes réussites dans les pages de ce livre.

Les recettes de *Les desserts sans sucre* sont toutes calculées pour l'édulcorant hypocalorique SPLENDA® et contiennent d'autres ingrédients hypocaloriques à faible teneur en matières grasses. Vous trouverez dans ce livre tout un éventail de desserts, des plus légers et des plus hypocaloriques aux somptueux entremets plus riches en calories et en matières grasses. En général, j'ai évité de trop retrancher sur les matières grasses, puisqu'un trop grand appauvrissement des recettes donne souvent des résultats décevants. Je voulais par-dessus tout réaliser des desserts qui plairaient... et même s'il fallait y laisser quelques grammes de matières grasses de plus par portion, j'ai pensé que le sacrifice en valait la peine!

Rappelez-vous cependant que la plupart de mes desserts ont une teneur en matières grasses et en calories beaucoup plus faible que les desserts ordinaires (voir la comparaison en page 78). Si vous le désirez, vous pouvez toujours substituer à certains ingrédients d'autres produits plus gras.

Voilà quatre ans que j'utilise SPLENDA® dans la préparation de mes gâteaux... il m'est devenu indispensable! Et surtout, personne (ni mes proches ni nos amis) ne peut le distinguer du «vrai» sucre.

Alors, bon appétit, et bonne conscience!

JENNIFER ELOFF

Analyse de la valeur nutritionnelle

La société Info Access (1988) Inc., de Don Mills (Ontario), a procédé à l'analyse de la valeur nutritionnelle des recettes à l'aide du module de comptabilisation nutritionnelle du *CBORD Menu Management System* et à partir de la base de données du Fichier canadien sur les éléments nutritifs de 1991, et au besoin par des données revues et étayées provenant de sources fiables.

L'analyse a été effectuée à partir des quantités mesurées en unités impériales, sauf lorsque des considérations pratiques m'ont amenée à présenter la recette en unités du système métrique. Lorsque plusieurs ingrédients possibles étaient proposés, l'analyse était basée sur le premier ingrédient mentionné. Les ingrédients facultatifs n'ont pas été pris en compte.

Le système d'échanges de l'Association canadienne du diabète

Les valeurs du système d'échanges de l'Association canadienne du diabète, qui apparaissent à chaque page, font partie du guide «Vive la santé, vive la bonne alimentation!», 1994. Chacun des groupes alimentaires du guide (céréales et légumineuses, fruits et légumes, lait, sucres, protéines, matières grasses et suppléments) est repéré par des symboles correspondant aux aliments contenant des éléments nutritifs similaires.

Les personnes qui ont un diabète et utilisent le guide «Vive la santé, vive la bonne alimentation!» et les systèmes d'échanges suivent un plan de repas individualisé qui précise combien de «choix» elles peuvent faire dans chaque groupe au moment de leurs repas et de leurs goûters. Grâce à ce système, bien des personnes atteintes de diabète pourront inclure dans leur plan de repas bon nombre des desserts délicieux dont les recettes figurent dans ce livre. Voici quelques exemples des groupes en question:

■ **Céréales et légumineuses**
1 tranche de pain
½ tasse de maïs

■ **Fruits et légumes**
½ pamplemousse
1 tasse de tomates

◆ **Lait**
½ tasse de lait
½ tasse de yogourt nature

* **Sucres**
1 petit bâton de réglisse
2 cuillers à thé de sucre

- **Protéines**
  1 tranche de volaille
  1 œuf
- ▲ **Matières grasses**
  1 cuiller à thé d'huile
  1 cuiller à thé de margarine

++ **Suppléments**
haricots jaunes
poivrons verts

Les trucs du pro...

1. ***Pour remplacer le babeurre,*** vous pouvez faire du lait sur: versez simplement 15 ml (1 c. à soupe) de jus de citron ou de vinaigre blanc dans 250 ml (1 tasse) de lait. Laissez reposer au moins 3 minutes avant d'utiliser.

2. ***Pour vos tartes,*** ne vous inquiétez pas s'il vous reste de la pâte. Après tout, vous consommerez moins de matières grasses et de calories que prévu! Vous pouvez remplacer les croûtes de biscuits Graham par de la pâte brisée (page 134) ou par une croûte amandine (page 92). Par ailleurs, puisque vous utiliserez un moule à tarte en verre, vous pourrez y vaporiser au préalable un enduit végétal pour la cuisson. Les pointes de tarte seront plus faciles à dégager.

3. ***Pour les muffins et le pain,*** n'hésitez pas à doubler les quantités indiquées dans la recette si vous le désirez. Ces préparations supportent en général très bien la congélation: enveloppez-les de pellicule plastique puis de feuille d'aluminium. Lorsque le moment est venu de les consommer, faites-les décongeler au four à micro-ondes. Les produits non congelés doivent de préférence se conserver au frigo après un ou deux jours: rappelez-vous que le sucre joue normalement le rôle d'agent de conservation!

4. ***Pour les gâteaux au fromage,*** rassurez-vous: beaucoup de gens croient qu'un gâteau au fromage maigre et sans sucre est forcément décevant... au contraire! Les élégants desserts dont je vous livre les recettes sont riches et sucrés à souhait, et vos invités ne regretteront pas les calories et les matières grasses que vous n'y mettrez pas. (Voyez le tableau comparatif à la page 78.)
   (a) ***Croûtes:*** nous avons fourni les valeurs nutritionnelles pour chacun des principaux types de croûte, ainsi que les systèmes d'échanges d'aliments de l'Association canadienne du diabète.

La pâte brisée (page 134) convient parfaitement aux gâteaux au fromage, puisqu'elle conserve bien sa consistance ferme. Elle est toutefois plus riche en matières grasses que les croûtes Graham. Sachez toutefois que les gâteaux au fromage maigres ont tendance à suer pendant la cuisson et qu'une croûte ordinaire risque de se ramollir. Mais ce problème est facile à résoudre: ajoutez simplement du blanc d'œuf à votre croûte Graham et laissez le gâteau cuire 10 minutes de plus. Par ailleurs, pour réduire encore plus la teneur en matières grasses, vous pouvez faire un gâteau au fromage sans croûte! Vaporisez simplement un enduit végétal sur le moule et saupoudrez-le de 75 ml (⅓ tasse) de chapelure de biscuits Graham, avec 25 ml (2 c. à soupe) du granulé SPLENDA®.

(b) **Vaporisez** un enduit végétal contre les parois de votre moule à fond amovible. Si le fond du moule est un peu endommagé ou rouillé, recouvrez-le d'une feuille de papier sulfurisé (ciré) et coupez le papier qui dépasse. Vous empêcherez ainsi le moule de tacher la croûte. Si vous voulez un plus gros gâteau au fromage, utilisez un moule à fond amovible plus petit.

(c) **Faites ramollir** au four à micro-ondes, pendant 45 secondes, 250 g (8 oz) de fromage à la crème faible en m.g.

(d) **Fendillement:** Faites cuire votre gâteau au fromage au bain-marie pour éviter qu'il ne se fendille. Cette méthode convient tout particulièrement aux gâteaux non garnis. Vous pouvez aussi placer un récipient rempli d'eau bouillante près du gâteau pendant la cuisson. Ce second procédé est moins efficace que le premier, mais il permet de maintenir une certaine humidité dans le four. Une fois le gâteau cuit, éteignez le four et laissez sa porte entrouverte. Passez une lame de couteau entre le gâteau et les parois du moule, pour libérer la vapeur et réduire la tension à la surface. Remettez le gâteau dans le four à présent un peu refroidi, refermez la porte et laissez-le refroidir complètement. Mettez alors le plat au réfrigérateur jusqu'au lendemain, ou au moins quelques heures. Les gâteaux au fromage sont encore meilleurs si vous les laissez reposer au réfrigérateur au moins une journée, et plus longtemps encore si possible.

(e) Pour obtenir un **gâteau au fromage plus ferme,** vous pouvez essayer les trucs suivants (certains sont assez longs à mettre en œuvre):
   (i) Utilisez du yogourt égoutté (voir le truc du pro n° 5) au lieu de yogourt faible en m.g. (au lait écrémé), ou du moins jetez toujours l'excès de liquide avant de mesurer le yogourt.

(ii) Ajoutez 25 ml (2 c. à soupe) de farine de plus au volume recommandé. (Inversement, vous obtiendrez un gâteau plus lisse, plus crémeux... et moins ferme, en ne mettant pas de farine du tout.)

(iii) Si vous utilisez du fromage cottage ou de la ricotta, vous pouvez l'égoutter ou même le presser dans une passoire pour exprimer le petit-lait.

(iv) Utilisez des ingrédients plus riches en matières grasses, par exemple du fromage à la crème ordinaire plutôt que maigre, ou de la crème sure ordinaire au lieu de yogourt de lait écrémé.

(f) **Faites cuire** le gâteau au fromage jusqu'à ce que le tour soit ferme et le centre encore légèrement mou. Le gâteau «prendra» davantage en refroidissant.

5. **Le yogourt égoutté** s'obtient en retirant l'excès de liquide du yogourt (le petit-lait). 750 ml (3 tasses) de yogourt donnent en général environ 250 ml (1 tasse) de yogourt égoutté. En remplaçant le yogourt ordinaire par du yogourt égoutté, vous obtiendrez des gâteaux au fromage plus fermes. Vous pouvez aussi remplacer la crème sure par du yogourt égoutté.

(a) **Méthode longue** *(la plus efficace):* Placez au-dessus d'un bol une passoire garnie d'un filtre à café en papier ou de trois épaisseurs d'étamine. Versez le yogourt dans la passoire, recouvrez de pellicule plastique et mettez au réfrigérateur jusqu'au lendemain.

(b) **Méthode rapide** *(si vous manquez de temps):* Placez sur un bol un tamis à mailles fines, versez le yogourt dans le tamis et laissez-le s'égoutter pendant 30 minutes.

6. **Gâteaux:** Pour parvenir au résultat souhaité, il est essentiel de marier le juste équilibre des ingrédients et la technique. Vous pouvez ajouter du jus de fruits (non sucré), ce qui fera mieux lever le gâteau. Dans les gâteaux des anges ou quatre-quarts, il est déconseillé de remplacer intégralement le sucre par le granulé SPLENDA®. Un dernier conseil: lorsque le gâteau et le glaçage que vous désirez réaliser sont évalués séparément dans le livre, additionnez les valeurs nutritives.

7. **Farine à pâtisserie autolevante:** On trouve dans la plupart des grands supermarchés ce type de farine qui convient particulièrement bien aux pâtisseries, les rendant plus tendres. Si vous souhaitez transformer de la farine à pâtisserie ordinaire en farine autolevante, voici une recette qui vous donnera des résultats tout aussi satisfaisants. Incorporez le volume suivant de poudre à pâte: pour 250 ml (1 tasse) de farine à pâtisserie, 7 ml (1 ½ c. à thé) de poudre à pâte et

1 ml (1 pincée) de sel (à mon avis, vous pouvez tout aussi bien omettre le sel si vous le désirez).

8. **Confitures:** Les confitures dont je donne la recette sont toutes très fruitées. Les valeurs/systèmes d'échanges de l'Association canadienne du diabète sont les mêmes pour toutes les confitures.

9. **Température du four:** Ne vous fiez pas à votre thermomètre, à moins qu'il n'ait été spécialement étalonné par un électricien ou que vous n'utilisiez un second thermomètre de contrôle. (Je me suis rendu compte après avoir acheté un nouveau four que le précédent était trop chaud.) Ne faites pas confiance non plus au voyant témoin! Parfois, le four n'atteint la température indiquée au cadran que 10 minutes ou même davantage après que le voyant s'est éteint. En fait, il n'y a pas deux fours identiques. C'est pourquoi j'ai prévu des critères spéciaux, dans toute la mesure du possible, pour chaque temps de cuisson. Ces durées constituent de très bonnes indications, mais ne vous dispensent pas de surveiller votre four! Rappelez-vous aussi de ne jamais ouvrir la porte du four avant que 10 minutes ne se soient écoulées (sauf pour les biscuits ou les gâteaux qui cuisent rapidement), car vous pourriez créer un courant d'air qui empêcherait le gâteau de lever. Sauf indication contraire, utilisez la grille du milieu. Si vous devez utiliser plus d'une grille à la fois (par exemple pour faire cuire des biscuits), disposez les deux grilles de manière à diviser le four en trois parties égales.

10. **Quelques détails sur les ingrédients:**
   (a) **Granulé SPLENDA®:** Ce succédané du sucre entre dans toutes les recettes du livre. Son pouvoir édulcorant est le même que celui du sucre. On le trouve dans les supermarchés et en pharmacie.
   (b) **Fromage à la crème faible en m.g.:** J'utilise la marque de fromage à la crème Philadelphia. Les consommatrices américaines ont de la chance puisque le produit vendu aux États-Unis est paraît-il plus maigre que celui que l'on trouve au Canada.
   (c) **Fructose:** Ce sucre de fruit est d'origine naturelle. Il provient des fruits et du miel. On le trouve en poudre dans la plupart des grands supermarchés, ainsi que dans les magasins d'aliments naturels. Dans certains desserts confectionnés avec le granulé SPLENDA®, le palais tarde notablement à percevoir le goût du sucre. C'est pourquoi j'y ajoute parfois de petites quantités de fructose. Selon les études menées chez les personnes atteintes de diabète, le fructose ne produit pas les mêmes fluctuations brutales de la glycémie que le sucre.

(d) **Garniture à desserts faible en gras:** J'emploie la marque Weight Watchers.

(e) **Tartinades de fruits:** Elles contiennent uniquement des fruits, sans ajout de sucre.

(f) **Œufs:** Je prends des œufs de gros calibre.

(g) **Pectine de fruits:** J'emploie la marque Slim Set.

(h) **Poudings légers:** J'utilise la marque Jell-O.

Laits frappés et autres boissons rafraîchissantes

● ● ● ● ● ● ● ● ● ● ● ● ● ● ● ● ● ● ●

Duo de fruits

Frappé à la banane

Frappé aux pêches

Frappé aux trois fruits

Chocolatine

Coupe glacée aux fruits

Cocktail hawaïen

Punch aux fruits

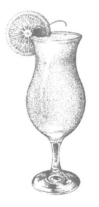

Duo de fruits

*Une douceur faible en gras qui adopte l'onctueuse et
la riche saveur d'un lait frappé.*

1 ½ tasse	fraises surgelées, sans sucre	375 ml
1	banane en rondelles	1
1 tasse	yogourt faible en m.g.	250 ml
¾ tasse	granulé SPLENDA®	175 ml
½ tasse	lait écrémé	125 ml

Dans un robot culinaire, rassembler les fraises, les rondelles de banane, le yogourt et le granulé SPLENDA®. Battre jusqu'à l'obtention d'un mélange homogène. Incorporer le lait petit à petit.

Donne 875 ml (3 ½ tasses), soit 3 portions

Variante
Remplacer les fraises par des pêches surgelées sans sucre.

Une portion
141 calories; 6,2 g de protéines; 0,4 g de m.g.;
29,6 g de glucides; 1,8 g de fibres alimentaires.
1 ½ ▮ + 1 ◆ écrémé + ½ ✱

Frappé à la banane

Cette délicieuse boisson donne à l'apport en calcium et en potassium, dont les enfants ont besoin, un air de fête! Ajouter, au goût, plus ou moins de lait.

2 tasses	bananes en rondelles	500 ml
1 tasse	yogourt faible en m.g.	250 ml
1 tasse	granulé SPLENDA®	250 ml
⅓ tasse	lait écrémé	75 ml
¼ tasse	jus de lime	50 ml
soupçon	colorant alimentaire vert	soupçon

Placer les rondelles de bananes au congélateur, toute une nuit. Dans un robot, rassembler les rondelles de bananes, le yogourt, le granulé SPLENDA®, le lait, le jus de lime et le colorant alimentaire. Battre jusqu'à l'obtention d'un mélange homogène.

Donne 750 ml (3 tasses), soit 3 portions

Variante
Remplacer le jus de lime par un concentré de jus d'orange surgelé.

Une portion
179 calories; 6,1 g de protéines; 0,7 g de m.g.;
39,9 g de glucides; 1,8 g de fibres alimentaires.
2 ½ ■ + 1 ◆ écrémé + ½ ✳

Frappé aux pêches

Une boisson rafraîchissante, crémeuse et onctueuse...
sans oublier son irrésistible saveur de pêche

2 tasses	coulis de pêche (voir page 146)	500 ml
2 tasses	yogourt faible en m.g.	500 ml
¾ tasse	granulé SPLENDA®	175 ml
¼ tasse	lait écrémé	50 ml

Verser le coulis de pêche dans un contenant étanche et faire congeler. Rassembler le coulis congelé, le yogourt, le granulé SPLENDA® et le lait dans un robot culinaire. Battre jusqu'à l'obtention d'un mélange homogène.

Donne 4 portions

Variante

Remplacer le coulis de pêche par un coulis de poires antillais (voir page 146).

Une portion
139 calories; 7,3 g de protéines; 0,2 g de m.g.;
27,8 g de glucides; 1,0 g de fibres alimentaires.
1 ½ ∎ + 1 ½ ◆ écrémé + ½ ✳

Frappé aux trois fruits

C'est si bon! Voir cahier photos.

1 boîte	(398 ml/14 oz) de pêches tranchées, sans ajout de sucre, dans un jus de poire, ou 4 pêches de taille moyenne, tranchées	1 boîte
1 tasse	yogourt à faible teneur en m.g.	250 ml
¾ tasse	granulé SPLENDA®	175 ml
½ boîte	(341 ml/13 oz) de concentré de jus d'orange surgelé	½ boîte
½ tasse	lait écrémé	125 ml
1	banane	1
8	glaçons	8

Rassembler les pêches, le yogourt, le granulé SPLENDA®, le concentré d'orange, le lait et la banane dans un robot culinaire. Battre jusqu'à l'obtention d'un mélange homogène. Ajouter les glaçons et battre pour bien mélanger.

Donne 1,5 litre (6 tasses), soit 6 portions

Variante

Duo de fruits: ne pas ajouter de banane.

Trio de fruits: Remplacer les pêches par une boîte d'abricots auxquels on n'aura pas ajouté de sucre ou se servir de 5 abricots frais.

Duo d'abricots et d'orange: omettre la banane.

Une portion
143 calories; 4,2 g de protéines; 0,3 g de m.g.;
32,6 g de glucides; 1,3 g de fibres alimentaires.
2 ½ ∎ + ½ ◆ + ½ ✱

Chocolatine

Mon petit brin de chaleur. Ça trompe l'hiver lorsque j'ai besoin d'un regain d'énergie ou après avoir fait de l'exercice au froid!

Poudre de chocolat:

1 ½ tasse	granulé SPLENDA®	375 ml
1 tasse	lait écrémé en poudre	250 ml
⅓ tasse	poudre de cacao	75 ml

Garniture hypocalorique (facultatif):

2 tasses	garniture hypocalorique (à la page 17)	500 ml
¼ tasse	granulé SPLENDA®	50 ml
1 c. à soupe	poudre de cacao	15 ml

Préparation de la poudre: Dans un contenant étanche, rassembler et mélanger le granulé SPLENDA®, la poudre de lait écrémé et le cacao. Conserver à température ambiante.

Donne 12 portions

Une portion
40 calories; 2,4 g de protéines; 0,6 g de m.g.;
7,1 g de glucides; 0,9 g de fibres alimentaires.
½ ◆ écrémé + ½ ✱

Chocolatine à faible teneur en calories: Préparer la garniture avec du lait écrémé et en suivant la recette qui paraît sur la boîte. Y ajouter le granulé SPLENDA® et le cacao en poudre. Bien mélanger.

Donne 8 portions

Préparation d'un verre (250 ml) de chocolat chaud panaché:

Verser 45 ml (3 c. à soupe) de la préparation dans une tasse. Ajouter du lait pour former une pâte épaisse, mais homogène. Tout en remuant, remplir la tasse de lait chaud ou d'eau chaude. Garnir de succulente chocolatine à faible teneur en calories (facultatif). Réfrigérer.

Une portion garnie de chocolatine
155 calories; 11,6 g de protéines; 2,8 g de m.g.;
22,2 g de glucides; 1,1 g de fibres alimentaires.
3 ◆ écrémé + ½ ✱ + ½ ▲

Coupe glacée aux fruits

Délicates et fraîchement glacées, elles jouent sur des notes estivales.
Garnissez-les au choix d'ananas ou de quartiers d'orange.

4 tasses	jus d'ananas non sucré, froid	1 litre
2 tasses	coulis de pêche (voir page 146)	500 ml
1 tasse	jus d'orange frais	250 ml
¼ tasse	granulé SPLENDA®	50 ml
1 c. à soupe	jus de citron	15 ml

Dans un grand bol, rassembler le jus d'ananas, le coulis de pêche, le jus d'orange, le granulé SPLENDA® et le jus de citron. Bien mélanger. Rafraîchir au frigo (ou au congélateur pour gagner du temps).

Servir sur un lit de glaçons morcelés, dans une coupe.

Donne 1,75 litre (7 tasses), soit 7 portions

Une portion
130 calories; 1,1 g de protéines, 0,2 g de m.g.;
32,2 g de glucides; 0,8 g de fibres alimentaires.
3 ▮

Cocktail hawaïen

C'est à mon mari, Ian, que je dois ce dessert,
à la fois succulent et économique.

4 tasses	jus d'ananas non sucré	1 litre
1 ⅓ tasse	granulé SPLENDA®	325 ml
4 tasses	eau froide	1 litre
2 c. à thé	essence de noix de coco	10 ml
2 c. à soupe	jus de citron (facultatif)	25 ml

Préparer deux récipients de 1 litre (4 tasses). Dans l'un et l'autre verser 2 tasses de jus d'ananas, ajouter 150 ml (⅔ tasse) de granulé SPLENDA®, 500 ml (2 tasses) d'eau et 5 ml (1 c. à thé) d'essence de noix de coco. Bien mélanger et tenir au frais. Au choix, rehausser la préparation de 15 ml (1 c. à soupe) de jus de citron.

Donne 2 litres (8 tasses), soit 8 portions

Variante

Simili Pina Colada: Ajouter 5 ml (1 c. à thé) d'essence de rhum.

Remplacer le jus d'ananas par du jus de pamplemousse ou par tout autre jus de fruits auquel on n'aura pas ajouté de sucre. Omettre l'essence de noix de coco.

Une portion
90 calories; 0,4 g de protéines; 0,1 g de m.g.;
21,5 g de glucides; 0,1 g de fibres alimentaires.
1 ½ ∎ + ½ ✱

Punch aux fruits

Faites à vos convives l'agréable surprise de leur servir cette délicieuse boisson. Tenez au frais, dans un bocal hermétiquement clos, ce qui en restera et offrez-vous le plaisir de ce punch, les lendemains de fête!

1 paquet	(600 g/20 oz) de fraises surgelées et non sucrées	1 paquet
4 tasses	jus d'ananas non sucré, frais	1 litre
1 boîte	(341 ml/13 oz) de concentré de jus de pomme dégelé	1 boîte
1 ⅔ tasse	granulé SPLENDA®	400 ml
5 tasses	eau sans sel, gazéifiée et fraîche	1,25 litre

Dans un robot culinaire, battre petit à petit les fraises surgelées et la moitié du jus d'ananas. Verser dans un grand récipient. Ajouter à la préparation le reste du jus d'ananas et le concentré de jus de pomme. Incorporer le granulé SPLENDA®.

Ajouter doucement l'eau gazéifiée sans trop remuer la préparation. (Ne pas s'inquiéter si le punch se couvre de mousse... elle se résorbera en peu de temps.)

Donne 3,25 litres (13 tasses), soit 13 portions

Une portion
122 calories; 0,6 g de protéines; 0,2 g de m.g.;
30,4 g de glucides; 0,8 g de fibres alimentaires.
2 ½ ∎ + ½ ✳

Muffins, brioches et pains

· ·

Muffins de la Forêt-Noire

Ultramuffins aux canneberges et à l'orange

Muffins aux carottes et aux pommes

Brioches à la cannelle

Mignonnettes Koe

Pain aux dattes

Pain des îles

Pain givré au citron

Pain à la banane

Crêpes à la créole

Crêpes à l'orange

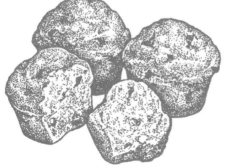

Muffins de la Forêt-Noire

(Illustration dans les cahiers photos)

Ces tendres ultramuffins rappellent beaucoup les petits gâteaux.

2 ¼ tasses	farine tout usage	550 ml
1 tasse	granulé SPLENDA®	250 ml
¾ tasse	poudre de cacao	175 ml
2 c. à soupe	poudre à pâte	25 ml
¼ c. à thé	sel	1 ml
¼ c. à thé	poudre de cannelle	1 ml
1 boîte	(398 ml/14 oz) cerises conservées dans un sirop hypocalorique (égouttées)	1 boîte
1	œuf	1
1	blanc d'œuf	1
1 ¾ tasse	lait écrémé	425 ml
¼ tasse	huile végétale	50 ml

Panache à la noix de coco:

½ tasse	noix de coco séchée et finement râpée	125 ml
2 c. à soupe	granulé SPLENDA®	25 ml
1 c. à soupe	lait écrémé	15 ml

Dans un grand bol, rassembler la farine, le granulé SPLENDA®, la poudre de cacao, la poudre à pâte, le sel et la poudre de cannelle. Dénoyauter les cerises, découper en deux et les ajouter au mélange sec. Mettre en attente.

Dans un petit récipient, battre l'œuf et le blanc d'œuf à la fourchette. Incorporer le lait et l'huile. Former un puits au centre du mélange mis en attente et y déposer ce liquide en fontaine. Tourner pour tout juste mouiller le mélange. Remplir 12 moules à muffins à ras bord.

Confection du panache à la noix de coco: Dans un petit bol, rassembler la noix de coco, le granulé SPLENDA® et le lait. Former et rouler de petites boules avec les mains et plonger une boule doucement au cœur de chaque muffin.

Cuire à 190 °C (375 °F) pendant une vingtaine de minutes, ou jusqu'à ce qu'un bâtonnet, inséré au centre, en ressorte propre.

Donne 12 ultramuffins

Un muffin
219 calories; 6,0 g de protéines; 9,1 g de m.g.;
31,3 g de glucides; 3,2 g de fibres alimentaires.
1 ■ + ½ ▌ + 1 ✳ + ½ ● + 1 ½ ▲

Ultramuffins aux canneberges et à l'orange

Irrésistibles ces muffins... ils prendront un air de fête
nappé de leur crème à l'orange.

3 tasses	farine tout usage	750 ml
1 ½ tasse	granulé SPLENDA®	375 ml
¼ tasse	zeste d'orange finement râpé	50 ml
2 c. à soupe	poudre à pâte	25 ml
½ c. à thé	sel	2 ml
2 tasses	canneberges surgelées, sans sucre	500 ml
1	œuf	1
1	blanc d'œuf	1
1 ¾ tasse	jus d'orange	425 ml
¼ tasse	huile végétale	50 ml

Nappage:

½ tasse	fromage à la crème, faible en m.g., ramolli	125 ml
¼ tasse	granulé SPLENDA®	50 ml
2 c. à soupe	concentré de jus d'orange dégelé	25 ml
1 c. à thé	zeste d'orange finement râpé	5 ml

Dans un grand bol, rassembler la farine, le granulé SPLENDA®, le zeste d'orange, la poudre à pâte et le sel. Passer les canneberges au robot culinaire, pour les morceler. Ajouter aux ingrédients secs. Mettre en attente.

Dans un autre bol, battre l'œuf et le blanc d'œuf à la fourchette, ajouter le jus d'orange et l'huile. Incorporer aux ingrédients secs en attente et remuer pour lier les ingrédients.

Verser dans 12 moules à muffins. Cuire à 190 °C (375 °F) environ 25 minutes, ou jusqu'à ce qu'ils blondissent. Laisser refroidir 5 minutes dans leur moule puis les démouler et les laisser refroidir sur une grille.

Crème à l'orange: Pendant ce temps, dans un bol, battre ensemble le fromage à la crème, le granulé SPLENDA®, le concentré et le zeste d'orange.

Découper les muffins en deux et les napper de cette crème.

Donne 12 muffins

Un muffin
229 calories; 5,5 g de protéines; 7,0 g de m.g.;
35,9 g de glucides; 2,0 g de fibres alimentaires.
1 ½ ■ + ½ ▌ + ½ ✳ + ½ ▲

Muffins aux carottes et aux pommes

C'est à ma cousine, une enseignante, que je dois cette délicieuse recette qu'elle avait publiée dans un recueil de recettes de l'école.

2 tasses	farine tout usage	500 ml
¾ tasse	granulé SPLENDA®	175 ml
1 c. à soupe	poudre à pâte	15 ml
1 c. à thé	poudre de cannelle	5 ml
½ c. à thé	sel	2 ml
1 tasse	carottes finement râpées	250 ml
¼ tasse	noix hachées	50 ml
1	œuf	1
1	blanc d'œuf	1
1 ½ tasse	compote de pommes sans sucre	375 ml
3 c. à soupe	huile végétale	45 ml

Dans un grand bol, rassembler la farine, le granulé SPLENDA®, la poudre à pâte, la cannelle et le sel. Ajouter les carottes et les noix. Mettre en attente.

Dans un autre bol, battre l'œuf et le blanc d'œuf à la fourchette; incorporer la compote de pommes et l'huile végétale. Incorporer au mélange en attente.

Verser dans 12 moules à muffins. Cuire à 180 °C (350 °F) de 20 à 25 minutes, ou jusqu'à ce que les muffins blondissent.

Donne 12 muffins

Variante

Muffins du petit-déjeuner: Succulents caméléons, ils peuvent facilement adopter une tout autre délicieuse saveur. Il suffit d'ajouter 125 ml (½ tasse) de noix de coco râpée, 75 ml (⅓ tasse) de raisins secs, et d'augmenter le volume de la compote de pommes à 425 ml (1 ¾ tasse). Cuire de 25 à 30 minutes.

Un muffin aux carottes et aux pommes

155 calories; 3,5 g de protéines; 5,7 g de m.g.;
22,8 g de glucides; 1,5 g de fibres alimentaires.
1 ■ + ½ ▌ + 1 ▲

Un muffin du petit-déjeuner

196 calories; 3,9 g de protéines; 8,1 g de m.g.;
27,9 g de glucides; 1,9 g de fibres alimentaires.
1 ■ + 1 ▌ + 1 ½ ▲

Brioches à la cannelle

1 livre	pâte à pain de mie surgelée	500 g

Garniture:

beurre à la cannelle (voir page 149)

Fondant au fromage à la crème:

½ tasse	fromage cottage faible en gras	125 ml
½ tasse	fromage à la crème faible en gras (voir page 16)	125 ml
⅓ tasse	granulé SPLENDA®	75 ml
2 c. à soupe	margarine faible en gras saturés	25 ml
1 c. à thé	essence de vanille	5 ml

Mettre la pâte à pain dans un moule à pain graissé et couvrir d'une pellicule plastique pour l'empêcher de sécher. Laisser dégeler et lever, conformément au mode d'emploi. Abaisser la pâte au rouleau à pâtisserie en un rectangle de 30 x 38 cm (12 x 15 po). Si la pâte n'est pas élastique, la couvrir d'un linge et la laisser reposer encore 5 minutes.

Garniture: Garnir l'abaisse du beurre à la cannelle en laissant un rebord de 1 cm (½ po) libre de garniture. Rouler la pâte bien serrée, comme pour une bûche, et bien souder les extrémités. Inciser la surface d'entailles et découper pour former 12 brioches ordinaires ou 9 ultrabrioches.

Disposer dans deux moules ronds de 1,2 litre (8 po de diamètre). (Les asseoir du côté de l'entaille et les entasser pour leur permettre de mieux lever. S'il se trouve moins de brioches dans le deuxième moule, les tenir serrées les unes contre les autres à l'aide d'un poids ou de boules de papier d'aluminium. Vous pourrez également cuire la brioche en un morceau et la séparer au moment de servir.) Couvrir d'une pellicule plastique et d'un linge humide dans un four éteint mais préchauffé à 100 °C (200 °F) pendant 45 minutes, ou jusqu'à ce qu'elle ait doublé de volume. Cuire à 180 °C (350 °F) pendant 25 minutes.

Fondant au fromage à la crème: Dans un robot culinaire, battre le fromage cottage en crème. Incorporer le fromage à la crème, le granulé SPLENDA®, la margarine, la vanille et battre ensemble jusqu'à l'obtention d'un mélange homogène. En napper les brioches chaudes.

Donne 12 brioches

Une brioche
201 calories; 5,1 g de protéines; 10,3 g de m.g.;
21,9 g de glucides; 0,1 g de fibres alimentaires.
1 ■ + ½ ✳ + ½ ● + 1 ½ ▲

Mignonnettes Koe

Une gourmandise malaysienne qui tire ses racines d'Afrique du Sud.
Elle est à son meilleur le jour de sa confection. Conserver les mignonnettes couvertes
dans une casserole. Attention à l'huile chaude! (Illustration dans les cahiers photos)

2 ½ tasses	sirop à la vanille ou d'érable, frais (voir page 148)	625 ml

Pâte molle:

4 tasses	farine tout usage	1 litre
4 c. à thé	poudre à pâte	20 ml
½ c. à thé	sel	2 ml
2 c. à soupe	beurre ou margarine	25 ml
1	œuf, légèrement fouetté	1
1 ⅔ tasse	lait écrémé	400 ml
	huile végétale pour friture	

Réfrigérer le sirop à la vanille dans une terrine environ 1 heure. Avant usage, l'asseoir dans un bain de glace pour le garder froid.

Pâte molle: Dans un grand bol, rassembler la farine, la poudre à pâte, et le sel. À l'aide d'un robot, incorporer le beurre à la pâte, puis successivement l'œuf et le lait et battre jusqu'à ce que la pâte forme une boule. La pétrir et la laisser reposer dans un récipient, au frais, pendant au moins 2 heures.

Séparer la pâte en trois parties. À l'aide d'un rouleau à pâtisserie, aplatir chaque portion de pâte en un rectangle de 5 mm (¼ po) d'épaisseur et la découper en trois lanières de 1 cm (½ po) de large. Tresser la pâte. Découper la tresse en tronçons de 5 ou 6 cm de long (2 po à 2 ½ po) et bien souder leurs extrémités.

Dans une friteuse chauffée à 185 °C (370 °F), plonger 5 ou 6 mignonnettes à la fois et les laisser frire pendant une ou deux minutes, puis les retourner à la fourchette et les laisser frire à nouveau pour qu'elles brunissent de part et d'autre.

Sortir les mignonnettes, les égoutter et les déposer sur du papier absorbant. Les plonger dans le sirop très froid, les retirer et les laisser égoutter légèrement avant de les dresser sur une plaque.

Donne 72 mignonnettes koe; 2 mignonnettes par portion

2 mignonnettes
118 calories; 1,8 g de protéines; 5,8 g de m.g.;
14,4 g de glucides; 0,4 g de fibres alimentaires.
1 ■ + 1 ▲

Pain aux dattes

Le fruit du palmier dattier donne à ce pain son goût savoureux.
Découpez-le en tranches, au choix, légèrement beurrées.

2 ¼ tasses	farine tout usage	550 ml
1 tasse	granulé SPLENDA®	250 ml
2 c. à thé	poudre à pâte	10 ml
1 c. à thé	poudre de cannelle	5 ml
½ c. à thé	bicarbonate de soude	2 ml
½ c. à thé	poudre de gingembre	2 ml
¼ c. à thé	poudre de muscade	1 ml
¼ c. à thé	clous de girofle en poudre	1 ml
½ tasse	dattes hachées	125 ml
1	œuf	1
1 tasse	jus de pomme non sucré	250 ml
½ tasse	compote de pommes sans sucre	125 ml
¼ tasse	huile végétale	50 ml
1 c. à soupe	jus de citron	15 ml

Dans un grand bol, rassembler la farine, le granulé SPLENDA®, la poudre à pâte, la cannelle, le bicarbonate de soude, le gingembre, la muscade et le clou de girofle. Incorporer les dattes. Creuser le centre.

Dans une terrine, mousser l'œuf à la fourchette. Ajouter le jus de pomme, la compote, l'huile et le jus de citron. Battre ensemble pour obtenir un mélange homogène. Verser en fontaine dans le creux du mélange en attente. Travailler la pâte pour l'uniformiser.

Répartir uniformément dans un moule rectangulaire graissé de 2 litres (9 x 5 x 3 po). Cuire au four à 180 °C (350 °F) pendant 40 à 45 minutes, ou jusqu'à ce que le pain brunisse. À l'aide de la lame d'un couteau, dégager le pain de son moule et le laisser reposer sur une grille. Conserver à température ambiante, dans un sac de plastique pour pains. Réfrigérer après 2 jours pour lui garder sa fraîcheur.

Donne 1 pain de 16 tranches

Une portion
132 calories; 2,4 g de protéines; 4,0 g de m.g.;
22,1 g de glucides; 1,2 g de fibres alimentaires.
1 ■ + ½ ▮ + 1 ▲

Pain des îles

Donne deux pains des plus succulents qui rappellent la douce saveur de la cuisine antillaise. Faites-en provision et conservez le deuxième pain au congélateur.

4 tasses	farine tout usage	1 litre
2 c. à soupe	poudre à pâte	25 ml
1 c. à thé	sel	5 ml
1 tasse	noix de coco, finement râpée, sans sucre	250 ml
¼ tasse	beurre ou margarine, ramolli	50 ml
2	œufs	2
2 tasses	granulé SPLENDA®	500 ml
2 tasses	lait écrémé	500 ml
1 boîte	(398 ml/14 oz) pulpe d'ananas dans son jus sans sucre	1 boîte
4 c. à thé	essence de noix de coco	20 ml

Dans un grand récipient, rassembler la farine, la poudre à pâte, le sel et la noix de coco. Mettre en attente.

Dans un grand bol, battre ensemble le beurre, les œufs et le granulé SPLENDA®. Incorporer le lait, la pulpe d'ananas et l'essence de noix de coco et bien mélanger. Verser sur le mélange en attente et mélanger tout juste pour lier la préparation.

Étaler dans deux moules rectangulaires graissés de 2 litres (9 x 5 x 3 po). Cuire à 180 °C (350 °F) pendant 45 minutes, ou jusqu'à ce qu'un bâtonnet, inséré au centre, en ressorte propre. Couvrir d'un papier d'aluminium si le pain tend à brunir trop rapidement.

Donne 2 pains de 16 tranches chacun

Une portion
115 calories; 2,8 g de protéines; 3,8 g de m.g.;
17,4 g de glucides; 0,7 g de fibres alimentaires.
1 ■ + ½ ▲ + 1 ++

Pain givré au citron

Un pain délicieusement tendre et finement rehaussé d'un glaçage au citron.

2 tasses	farine tout usage	500 ml
1 tasse	granulé SPLENDA®	250 ml
2 c. à thé	poudre à pâte	10 ml
½ c. à thé	bicarbonate de soude	2 ml
½ c. à thé	sel	2 ml
⅓ tasse	beurre ou margarine	75 ml
2 c. à thé	zeste de citron finement râpé	10 ml
2	œufs, légèrement battus	2
1 ¼ tasse	babeurre (voir page 13)	300 ml

Glaçage au citron:

¼ tasse	granulé SPLENDA®	50 ml
2 c. à soupe	jus de citron	25 ml
½ c. à thé	fécule de maïs	2 ml
soupçon	colorant alimentaire jaune (facultatif)	soupçon

Dans un grand récipient, rassembler la farine, le granulé SPLENDA®, la poudre à pâte, le bicarbonate de soude et le sel. À l'aide d'un robot, incorporer le beurre et ajouter le zeste de citron.

Fouetter ensemble à la fourchette les œufs et le babeurre. Verser sur les ingrédients secs et mélanger tout juste pour mouiller la pâte.

Étaler dans un moule rectangulaire graissé de 2 litres (9 x 5 x 3 po). Cuire à 180 °C (350 °F) pendant 25 minutes. Couvrir d'un papier d'aluminium pour empêcher le pain de trop brunir et faire cuire pendant 15 minutes, ou jusqu'à ce qu'un bâtonnet, inséré au centre, en ressorte propre.

Glaçage: Dans une petite casserole, rassembler le granulé SPLENDA®, le jus de citron et la fécule de maïs. Amener à ébullition, à feu doux. Incorporer le colorant alimentaire. Laisser reposer quelques minutes et en badigeonner la surface du pain.

Donne 1 pain de 16 tranches

Une portion
132 calories; 3,1 g de protéines; 4,8 g de m.g.;
18,8 g de glucides; 0,6 g de fibres alimentaires.
1 ■ + ½ ✳ + 1 ▲

Pain à la banane

Une variante d'un casse-croûte très populaire, on peut la servir à des convives déli-cieusement nappée d'une crème à l'orange (voir page 32).

1 ¼ tasse	farine tout usage	300 ml
1 tasse	farine de blé entier	250 ml
¾ tasse	granulé SPLENDA®	175 ml
¼ tasse	graines de tournesol	50 ml
2 c. à soupe	germes de blé	25 ml
1 c. à soupe	poudre à pâte	15 ml
1	œuf	1
2 c. à soupe	huile végétale	25 ml
1 ¼ tasse	bananes mûres, écrasées	300 ml
¾ tasse	jus d'orange	175 ml
1 c. à thé	essence de vanille	5 ml

Dans un grand bol, rassembler la farine, le granulé SPLENDA®, les graines de tournesol, les germes de blé et la poudre à pâte.

Dans une terrine, fouetter ensemble l'œuf et l'huile; incorporer la banane et battre jusqu'à l'obtention d'un mélange homogène. Ajouter le jus d'orange et la vanille. Incorporer aux ingrédients secs tout juste pour uniformiser le mélange.

Étaler dans un moule à pain graissé de 2 litres (9 x 5 x 3 po). Cuire à 180 °C (350 °F) environ 45 à 50 minutes, ou jusqu'à ce qu'un bâtonnet, inséré au centre, en ressorte propre. Pour empêcher le pain de trop brunir, le couvrir durant les 10 dernières minutes de cuisson.

Donne 1 pain de 16 tranches

Une portion
125 calories; 3,4 g de protéines; 3,6 g de m.g.;
20,7 g de glucides; 2,0 g de fibres alimentaires.
1 ■ + ½ ▮ + ½ ▲

Crêpes à la créole

Faites d'un dessert deux variantes en utilisant la sauce au rhum en panache, sur une boule de crème glacée.

1 ½ tasse	lait écrémé	375 ml
1	banane mûre, écrasée	1
2	œufs	2
2 c. à soupe	huile végétale	25 ml
1 c. à thé	essence de vanille	5 ml
1 ¼ tasse	farine tout usage	300 ml
¼ tasse	granulé SPLENDA®	50 ml
¼ c. à thé	sel	1 ml
½ c. à thé	beurre	2 ml

Sauce au rhum:

4	bananes mûres, grossièrement hachées	4
1 c. à soupe	beurre	15 ml
½ tasse	jus d'ananas sans sucre	125 ml
	ou jus d'orange	
⅓ tasse	granulé SPLENDA®	75 ml
1 c. à soupe	jus de citron	15 ml
2 c. à thé	fécule de maïs	10 ml
1 c. à thé	essence de rhum	5 ml

Dans un robot culinaire, battre ensemble le lait, la banane, les œufs, l'huile, la vanille, la farine, le granulé SPLENDA® et le sel.

Dans une poêle à fond plat de 12 cm (5 po), faire fondre le beurre et le laisser frémir avant de faire cuire la première crêpe. Par la suite, vaporiser un enduit végétal.

Cuisson des crêpes: Verser à la louche environ 45 ml (3 c. à soupe) dans la poêle et étaler uniformément. Faire cuire une minute puis retourner à l'aide d'une spatule pour dorer l'autre face. Garder au chaud.

Sauce au rhum: Dans un poêlon, faire frire les bananes dans du beurre pendant 1 minute. Ajouter le jus d'ananas et le granulé SPLENDA®. Délayer la fécule de maïs dans du jus de citron et incorporer à la sauce. Ajouter l'essence de rhum et laisser cuire jusqu'à épaississement.

Plier les crêpes et les napper de leur sauce.

Donne 18 crêpes

2 crêpes
213 calories; 5,3 g de protéines; 6,0 g de m.g.;
35,3 g de glucides; 1,7 g de fibres alimentaires.
1 ■ + 1 ½ ▮ + 1 ▲

Crêpes à l'orange

C'est le dessert préféré de mon fils Daniel.

1 ¼ tasse	lait à 2 %	300 ml
1 tasse	farine à pâtisserie	250 ml
2	œufs	2
2 c. à soupe	granulé SPLENDA®	25 ml
1 c. à soupe	margarine faible en gras saturés	15 ml
½ c. à thé	essence d'orange	2 ml
½ c. à thé	sel	2 ml

Sauce à l'orange:

2 c. à soupe	fécule de maïs	25 ml
1 ½ tasse	jus d'orange	375 ml
¾ tasse	granulé SPLENDA®	175 ml
1 pincée	sel	1 pincé
1 c. à thé	huile végétale	5 ml
1 c. à thé	jus de citron	5 ml
1 c. à thé	zeste d'orange, finement râpé	5 ml
½ tasse	fromage à la crème, faible en m.g.	125 ml
1 boîte	(284 ml/10 oz) de mandarines en quartiers	1 boîte

Dans un robot, rassembler et battre ensemble le lait, la farine, les œufs, le granulé SPLENDA®, la margarine, l'essence d'orange et le sel. Dégarnir les parois périodiquement pour obtenir un mélange homogène.

Vaporiser une crêpière ou un poêlon de 12 cm (5 po) d'un enduit végétal. Verser à la louche 50 ml (¼ tasse) de la pâte et étaler pour uniformiser. Faire cuire une minute, retourner et faire cuire la crêpe sur son autre face. Tenir au chaud.

Sauce à l'orange: Dans une petite casserole, délayer la fécule de maïs dans 50 ml (¼ tasse) de jus d'orange. Incorporer le jus d'orange restant, le granulé SPLENDA® et le sel. Amener à ébullition à feu doux et laisser mijoter jusqu'à épaississement. Retirer du feu. Incorporer l'huile, le jus de citron et le zeste d'orange.

Assemblage: Tartiner chaque crêpe de 10 ml (2 c. à thé) de fromage à la crème. Plier les crêpes et les dresser dans un plat. Verser la sauce sur les crêpes et garnir de mandarines.

Donne 12 crêpes

2 crêpes
249 calories; 8,0 g de protéines; 7,9 g de m.g.;
36,5 g de glucides; 0,9 g de fibres alimentaires.
1 ½ ■ + 1 ▮ + ½ ✳ + ½ ●

Gâteaux, chiffonnades et poudings

Chiffon à la pêche Melba
(Illustré en page couverture)

Un vrai chef-d'œuvre et un régal pour les yeux, il met l'eau à la bouche!

2 ¼ tasses	farine à pâtisserie autolevante	550 ml
1 ½ tasse	granulé SPLENDA®	375 ml
1 ½ c. à thé	poudre à pâte	7 ml
½ c. à thé	bicarbonate de soude	2 ml
½ tasse	huile végétale	125 ml
3	jaunes d'œuf	3
1 ¼ tasse	babeurre (voir page 13)	300 ml
1 c. à thé	essence de vanille	5 ml
7	blancs d'œuf	7
½ c. à thé	crème de tartre	2 ml

Glaçage Melba:

½ tasse	granulé SPLENDA®	125 ml
2 c. à soupe	fécule de maïs	25 ml
1 ¼ tasse	jus d'ananas sans sucre	300 ml
1 c. à soupe	jus de citron	15 ml
soupçon	colorant alimentaire rouge	soupçon
8	morceaux de pêches non sucrées (en boîte)	8
18	framboises fraîches	18

Tamiser ensemble les quatre premiers ingrédients. Faire un creux au centre et ajouter en fontaine l'huile, les jaunes d'œuf, le babeurre et la vanille. À l'aide d'une spatule, lier la pâte.

Dans un grand bol, monter en neige ferme les blancs d'œufs additionnés de crème de tartre. Incorporer doucement la pâte en attente en pliant et en repliant pour mélanger.

Étaler dans un moule à couronne non graissé de 4 litres (10 po). Cuire à 180 °C (350 °F) pendant 40 minutes, ou jusqu'à ce qu'il reprenne sa forme au toucher. Retourner sur une grille (il se démoulera) et laisser tiédir.

Glaçage Melba: Dans une casserole, amener le granulé SPLENDA®, la fécule de maïs et le jus d'ananas à ébullition à feu doux. Cuire jusqu'à épaississement. Retirer du feu, ajouter le jus de citron et suffisamment de colorant alimentaire pour le rendre rouge vif.

Disposer les pêches et les framboises sur le gâteau et glacer.

Donne 12 portions

Une portion
180 calories; 4,6 g de protéines; 8,2 g de m.g.;
21,8 g de glucides; 0,8 g de fibres alimentaires.
1 ■ + ½ ❙ + 1 ½ ▲

Chiffon au citron et à la lime

C'est se faire plaisir à plus grands frais, mais on ne célèbre
un anniversaire qu'une fois l'an! Divisez le gâteau en deux disques
et masquez chacun de mousseline au citron.

2 ¼ tasses	farine à pâtisserie autolevante	550 ml
1 ½ tasse	granulé SPLENDA®	375 ml
2 c. à thé	poudre à pâte	10 ml
½ tasse	huile végétale	125 ml
3	jaunes d'œuf	3
⅔ tasse	jus de pomme	150 ml
¼ tasse	jus de citron	50 ml
2 c. à soupe	jus de lime	25 ml
2 c. à thé	zeste de lime finement râpé	10 ml
1 c. à thé	zeste de citron finement râpé	5 ml
7	blancs d'œuf	7
½ c. à thé	crème de tartre	2 ml
	mousseline au citron (voir page 145)	

Tamiser ensemble la farine, le granulé SPLENDA® et la poudre à pâte. Faire un creux au centre et ajouter en fontaine l'huile, les jaunes d'œuf, le jus de pomme, le jus de citron, le jus de lime et les zestes de citron et de lime. À l'aide d'une spatule, uniformiser la pâte.

Dans un grand bol, monter en neige ferme les blancs d'œuf additionnés de crème de tartre. Incorporer doucement la pâte en attente en pliant et en repliant pour mélanger.

Étaler dans un moule à couronne non graissé de 4 litres (10 po). Cuire à 180 °C (350 °F) pendant 40 minutes, ou jusqu'à ce qu'il reprenne sa forme au toucher. Retourner sur une grille (il se démoulera) et laisser tiédir.

Donne 16 portions

Un petit truc: Pour rendre ce dessert moins calorique, confectionner le glaçage à l'aide de margarine faible en gras saturés. Arroser légèrement le gâteau et laisser couler ce glaçage le long des parois.

Une portion et son glaçage
212 calories, 5,7 g de protéines; 10,8 g de m.g.;
22,9 g de glucides; 0,6 g de fibres alimentaires.
1 ■ + ½ ✱ + ½ ● + 2 ▲

Chiffon en fête

L'orange prime délicieusement dans cette recette que vous pouvez également adapter en découpant le gâteau en deux et en le masquant de glaçage à l'orange.

2 ¼ tasses	farine à pâtisserie autolevante (voir page 15)	550 ml
1 ¼ tasse	granulé SPLENDA®	300 ml
2 c. à thé	poudre à pâte	10 ml
½ tasse	huile végétale	125 ml
3	jaunes d'œuf	3
¾ tasse	jus d'orange	175 ml
1 c. à soupe	jus de citron	15 ml
2 c. à soupe	zeste d'orange finement râpé	25 ml
7	blancs d'œuf	7
½ c. à thé	crème de tartre	2 ml

Glaçage à l'orange:

¾ tasse	jus d'orange	175 ml
½ tasse	granulé SPLENDA®	125 ml
4 c. à thé	fécule de maïs	20 ml
½ c. à thé	huile végétale	2 ml
½ c. à thé	jus de citron	2 ml

Tamiser ensemble la farine, le granulé SPLENDA® et la poudre à pâte. Faire un creux au centre et ajouter en fontaine l'huile, les jaunes d'œuf, le jus d'orange, le jus de citron et le zeste d'orange. À l'aide d'une spatule, uniformiser la pâte.

Dans un grand bol, monter en neige ferme les blancs d'œuf additionnés de crème de tartre. Incorporer doucement la pâte en attente en pliant et en repliant pour mélanger.

Étaler dans un moule Bundt non graissé de 25 cm (10 po). Cuire à 160 °C (325 °F) pendant 45 minutes, ou jusqu'à ce qu'il reprenne sa forme au toucher. Retourner sur une grille (il se démoulera) et laisser tiédir.

Glaçage à l'orange: Dans une casserole, amener le granulé SPLENDA®, la fécule de maïs et le jus d'orange à ébullition à feu doux. Cuire jusqu'à épaississement. Retirer du feu, l'huile et le jus de citron. Laisser tiédir et verser sur le gâteau.

Donne 16 portions

Une portion
168 calories; 4,0 g de protéines; 8,1 g de m.g.;
19,4 g de glucides; 0,7 g de fibres alimentaires.
1 ■ + ½ ▌ + 1 ½ ▲

Chiffon marbré

Son fondant au chocolat le fait briller de plaisir.

Chocolat:

⅓ tasse	poudre de cacao	75 ml
¼ tasse	jus de pomme non sucré	50 ml
3 c. à soupe	granulé SPLENDA®	45 ml
1 c. à soupe	huile végétale	15 ml

Gâteau:

2 tasses	farine à pâtisserie autolevante (voir page 15)	500 ml
1 ¼ tasse	granulé SPLENDA®	300 ml
2 c. à thé	poudre à pâte	10 ml
1 ¼ tasse	jus de pomme non sucré	300 ml
½ tasse	huile végétale	125 ml
2 c. à thé	essence de vanille	10 ml
2	jaunes d'œuf	2
8	blancs d'œuf	8
½ c. à thé	crème de tartre	2 ml
	fondant au chocolat (voir page 143)	

Confection du chocolat: Dans une terrine, rassembler la poudre de cacao, le jus de pomme, le granulé SPLENDA® et l'huile. Mettre en attente.

Confection du gâteau: Tamiser ensemble la farine, le granulé SPLENDA® et la poudre à pâte. Mettre en attente. Dans un petit bol, rassembler le jus de pomme, l'huile et la vanille. Dans un récipient, battre les jaunes d'œuf et incorporer à haute vitesse, en deux additions, les ingrédients secs en attente et le mélange liquide.

Dans un grand bol, monter en neige ferme les blancs d'œuf additionnés de crème de tartre. Incorporer doucement la pâte en attente en pliant et en repliant pour mélanger.

Retirer le tiers de la pâte et lui ajouter la pâte au chocolat. Étaler la moitié de la pâte à gâteau dans un moule Bundt non graissé de 25 cm (10 po). Le couvrir de la moitié de la pâte au chocolat, puis recommencer. Insérer la lame d'un couteau profondément dans le gâteau et tracer des motifs, de sorte à marbrer la pâte. Cuire à 160 °C (325 °F) pendant 50 minutes, ou jusqu'à ce qu'il reprenne sa forme au toucher. Retourner sur une grille (il se démoulera) et laisser tiédir. Masquer de son glaçage au chocolat.

Donne 16 portions

Une portion
198 calories; 4,9 g de protéines; 10,3 g de m.g.;
22,6 g de glucides; 2,1 g de fibres alimentaires.
1 ■ + ½ ✳ + ½ ● + 1 ½ ▲

Shortcake aux fraises
(Illustré dans les cahiers photos)

Un grand classique... si facile à préparer au robot culinaire!

20	grosses fraises, tranchées	20
3 c. à soupe	granulé SPLENDA®	45 ml

Shortcake:

2 tasses	farine tout usage	500 ml
⅓ tasse	granulé SPLENDA®	75 ml
1 c. à soupe	poudre à pâte	15 ml
¼ c. à thé	sel	1 ml
¼ tasse	beurre ou margarine	50 ml
¾ tasse	babeurre (voir page 13)	175 ml
1	blanc d'œuf, légèrement battu	1
	mousseline de fraises (voir page 143)	

Poudrer les fraises de granulé SPLENDA®.

Confection du gâteau: Rassembler la farine, le granulé SPLENDA®, la poudre à pâte et le sel. Incorporer le beurre au couteau pour obtenir un mélange friable.

Dans un robot culinaire muni de son couteau à pâtisserie, battre ensemble le babeurre et le blanc d'œuf. Incorporer la farine et battre à vitesse moyenne jusqu'à ce que la pâte forme une boule.

Sur un plan de travail fariné, aplatir la pâte pour lui donner 2 cm (¾ po) d'épaisseur. Découper en rondelles de 6 cm (2 ½ po) et travailler les retailles en boule pour les découper.

Disposer sur une tôle à biscuits graissée. Cuire à 230 °C (450 °F) pendant 12 à 14 minutes, ou jusqu'à ce que leur surface soit dorée. Laisser tiédir sur une grille.

Trancher les petits gâteaux en deux rondelles chacun, les masquer de mousseline de fraises et les décorer de deux fraises fraîches. Servir sans tarder.

Donne 10 petits gâteaux

Un gâteau
188 calories; 4,6 g de protéines; 6,5 g de m.g.;
28,3 g de glucides; 1,9 g de fibres alimentaires.
1 ■ + ½ ▮ + ½ ✳ + 1 ½ ▲

Gâteau renversé à l'ananas

(Illustré dans les cahiers photos)

Le plaisir d'antan de l'ère nouvelle!

Garniture d'ananas:

1 c. à soupe	beurre, fondu	15 ml
¼ c. à thé	essence d'érable	1 ml
¼ tasse	granulé SPLENDA®	50 ml
5 ½	tranches d'ananas en boîtes non sucrées, égouttées, mais réserver 15 ml (1 c. à soupe) de jus	5 ½
10	canneberges, fraîches ou surgelées	10

Gâteau:

¼ tasse	beurre ou margarine ramolli	50 ml
1	œuf	1
½ c. à thé	essence d'érable	2 ml
1 ½ tasse	farine tout usage	375 ml
⅔ tasse	granulé SPLENDA®	150 ml
2 c. à thé	poudre à pâte	10 ml
¼ c. à thé	sel	1 ml
¾ tasse	lait écrémé	175 ml

Garniture d'ananas: Étaler le beurre dans un moule à gâteau rond de 1,5 litre (9 po de diamètre). Arroser d'essence d'érable et lier à l'aide d'un pinceau à cuisine. Saupoudrer de granulé SPLENDA®. Arroser la surface de jus d'ananas. Diviser en deux toutes les tranches d'ananas sauf l'une d'entre elles. Les disposer le long du moule à gâteau. Disposer la tranche laissée entière au centre du moule. Truffer chaque tranche d'ananas d'une canneberge.

Confection du gâteau: Battre ensemble le beurre, l'œuf et l'essence d'érable. Mettre en attente. Dans un autre bol, tamiser la farine, le granulé SPLENDA®, la poudre à pâte et le sel. Additionner les ingrédients secs et le lait en deux temps à la préparation en attente. Battre pour uniformiser.

Étaler sur les fruits et uniformiser à l'aide du dos d'une spatule. Cuire à 180 °C (350 °F) pendant 30 à 35 minutes, ou jusqu'à ce que le gâteau soit légèrement doré. Retirer du four et retourner sur un plat. Servir chaud ou tiède.

Donne 8 portions

Une portion
192 calories; 4,1 g de protéines; 8,0 g de m.g.;
25,6 g de glucides; 1,0 g de fibres alimentaires.
1 ■ + ½ ■ + ½ ✳ + 1 ½ ▲

Gâteau blanc

Tendre et moelleux, il se marie à tous les glaçages de la page 145.
Voir la rubrique «Gâteaux» dans les trucs du pro à la page 15.

½ tasse	graisse végétale	125 ml
4	blancs d'œuf	4
1 c. à thé	essence de vanille	5 ml
2 ½ tasses	farine à pâtisserie	625 ml
2 tasses	granulé SPLENDA®	500 ml
6 c. à thé	poudre à pâte	30 ml
½ c. à thé	bicarbonate de soude	2 ml
1 ⅓ tasse	babeurre (voir page 13)	325 ml

Battre la graisse végétale en crème et incorporer les blancs d'œuf et la vanille. Battre pour obtenir un mélange homogène. Mettre en attente. Dans un autre bol, tamiser la farine, le granulé SPLENDA®, la poudre à pâte et le bicarbonate de soude. Additionner les ingrédients secs et le babeurre en deux temps à la préparation en attente. Battre de 30 secondes à 1 minute entre chaque addition pour uniformiser.

Répartir la pâte dans deux moules ronds graissés de 1,2 litre (8 po de diamètre) et passer le dos de la spatule pour l'uniformiser. Cuire à 180 °C (350 °F) pendant 30 à 35 minutes, ou jusqu'à ce qu'un bâtonnet, inséré au centre, en ressorte propre. Retirer du four et retourner sur une grille. Laisser tiédir avant de glacer. Couvrir le gâteau. Ne se conservera pas plus de deux jours à température ambiante.

Donne 12 portions

Une portion sans glaçage
201 calories; 4,6 g de protéines; 8,7 g de m.g.;
25,1 g de glucides; 0,8 g de fibres alimentaires.
1 ½ ■ + 1 ½ ▲ + 1 ++

Gâteau au chocolat

Un gâteau moelleux que son chocolat rend si richement savoureux.
La farine à pâtisserie autolevante se trouve dans pratiquement
tous les supermarchés. À défaut de farine autolevante, modifiez vous-même
la farine à pâtisserie en suivant les trucs du pro de la page 15.

½ tasse	graisse végétale	125 ml
2	œufs	2
2 ¼ tasses	farine à pâtisserie autolevante (voir page 15)	550 ml
1 ¾ tasse	granulé SPLENDA®	425 ml
½ tasse	poudre de cacao	125 ml
2 c. à thé	poudre à pâte	10 ml
½ c. à thé	bicarbonate de soude	2 ml
1 ¼ tasse	babeurre (voir page 13)	300 ml
⅔ tasse	jus de pomme non sucré glaçage au chocolat (voir page 144) ou choco-mousse (voir page 145)	150 ml

Battre la graisse végétale en crème et incorporer les œufs. Mettre en attente. Dans un autre bol, tamiser la farine, le granulé SPLENDA®, la poudre de cacao, la poudre à pâte et le bicarbonate de soude. Incorporer les ingrédients secs, le jus de pomme et le babeurre en deux temps à la préparation en attente. Battre de 30 secondes à une minute entre chaque addition pour uniformiser.

Répartir la pâte dans deux moules ronds graissés de 1,2 litre (8 po de diamètre) et passer le dos de la spatule pour l'uniformiser. Cuire à 180 °C (350 °F) pendant 30 à 35 minutes, ou jusqu'à ce qu'un bâtonnet, inséré au centre, en ressorte propre. Retirer du four et retourner sur une grille. Laisser tiédir avant de glacer. Masquer de son glaçage au chocolat ou du glaçage choco-mousse. Servir le jour même ou couvrir et réfrigérer. Au sortir du frigo, laisser reposer 2 heures à température ambiante avant de servir.

Donne 12 portions

Variante
Petits gâteaux: Remplir 12 moules à muffin ou 18 moules à moitié remplis. Faire cuire de 20 à 25 minutes.

Une portion sans glaçage
213 calories; 4,9 g de protéines; 10,4 g de m.g.;
25,8 g de glucides; 2,0 g de fibres alimentaires.
1 ½ ■ + 2 ▲ + 1 ++

Bûche au citron

*Tendre, moelleuse et délicatement parfumée de citron, sa garniture
et son sirop en rehaussent encore davantage la savoureuse tonalité.*

1 tasse	farine tout usage	250 ml
1 c. à thé	poudre à pâte	5 ml
2	jaunes d'œuf	2
½ tasse	granulé SPLENDA®	125 ml
½ tasse	compote de pommes non sucrée	125 ml
3 c. à soupe	babeurre ou lait tourné (voir page 13)	45 ml
1 c. à thé	essence de vanille	5 ml
1 c. à thé	zeste de citron râpé	5 ml
4	blancs d'œuf	4
¼ c. à thé	crème de tartre	1 ml

Garniture au citron:

1 tasse	fromage cottage faible en m.g.	250 ml
4 oz	fromage à la crème faible en m.g., ramolli (voir page 16)	125 g
½ tasse	granulé SPLENDA®	125 ml
2 c. à soupe	jus de citron	25 ml
2 c. à thé	zeste de citron râpé	10 ml
3 gouttes	colorant alimentaire jaune	3 gouttes

Sirop:

2 c. à soupe	jus de citron	25 ml
½ c. à thé	fécule de maïs	2 ml
¼ tasse	granulé SPLENDA®	50 ml
1 goutte	colorant alimentaire jaune	1 goutte

Vaporisez un enduit végétal sur une plaque de 38 x 25 cm (15 x 10 po). La
tapisser de papier sulfurisé (ciré). Vaporiser le papier d'un enduit végétal.
Mettre en attente.

Rassembler la farine et la poudre à pâte dans un petit récipient. Dans un
grand récipient, bien battre les jaunes d'œuf. Incorporer le granulé SPLENDA®,
la compote de pommes, le babeurre, la vanille et le zeste de citron.
Incorporer les ingrédients secs et battre délicatement pour lier. Mettre en
attente. Dans un autre bol, monter les blancs d'œuf additionnés de crème de
tartre en neige ferme. Ajouter délicatement en pliant, en deux temps, au
mélange en attente.

Répartir la pâte uniformément sur la plaque. Cuire à 190 °C (375 °F) pendant
12 à 15 minutes, ou jusqu'à ce que le gâteau reprenne sa forme au toucher. Retirer
du four, dégager le gâteau des parois et retourner sur un linge propre. Décoller le

papier et retirer tout morceau de gâteau asséché. Rouler le gâteau à l'aide du linge et l'asseoir sur une grille, extrémité dessous. Laisser tiédir.

Garniture parfumée au citron: Dans un robot muni de son couteau, battre le fromage cottage en crème. Incorporer et battre ensemble le fromage à la crème, le granulé SPLENDA®, le jus et le zeste de citron et le colorant alimentaire.

Sirop au parfum de citron: Dans une petite casserole, délayer la fécule de maïs dans du jus de citron. Incorporer le granulé SPLENDA® et amener à ébullition en remuant constamment. Retirer du feu et ajouter le colorant alimentaire.

Assemblage: Dérouler le gâteau et le masquer de sa garniture en veillant à laisser les rebords libres de garniture. L'enrouler. À l'aide d'un pinceau de cuisine, badigeonner la bûche de son sirop. Réfrigérer.

Donne 10 portions

Une portion
137 calories; 7,6 g de protéines; 4,3 g de m.g.;
16,5 g de glucides; 0,7 g de fibres alimentaires.
1 ■ + 1 ●

Baba au rhum

Ce dessert est naturellement agréable à l'œil, servi imbibé de son sirop parfumé au rhum et nappé d'un fondant d'abricots. On le sert au choix, accompagné de crème glacée. On n'ajoute pas de sucre aux céréales aux noix Grape-Nuts, mais on peut également leur préférer une croûte de biscuits Graham. Le cas échéant, n'utilisez que 125 ml (½ tasse) de granulé SPLENDA®.

½ tasse	eau tiède	125 ml
1 c. à thé	fructose en poudre (voir page 16)	5 ml
1 c. à soupe	levure active	15 ml
¾ tasse	céréales Grape-Nuts	175 ml
1 ¼ tasse	farine tout usage	300 ml
1 tasse	granulé SPLENDA®	250 ml
½ c. à thé	sel	2 ml
2	œufs	2
2	blancs d'œuf	2
½ tasse	raisins secs	125 ml
½ tasse	beurre ou margarine, fondu	125 ml
¼ tasse	céréales Grape-Nuts, finement moulues	50 ml

Sirop parfumé au rhum :

1 ¾ tasse	granulé SPLENDA®	425 ml
1 tasse	eau	250 ml
¼ tasse	fructose en poudre (voir page 16)	50 ml
1 c. à soupe	fécule de maïs	15 ml
1 c. à soupe	beurre ou margarine	15 ml
⅛ c. à thé	sel	0,5 ml
1 c. à soupe	essence de rhum	15 ml

Fondant d'abricots :

| ½ tasse | tartinade d'abricots (voir page 17) | 125 ml |
| 4 c. à thé | eau | 20 ml |

Dissoudre le fructose dans l'eau tiède. Ajouter la levure et laisser reposer pendant 10 minutes, ou jusqu'à ce qu'une mousse se forme. Bien mélanger et mettre en attente.

À l'aide d'un robot, pulvériser 175 ml (¾ tasse) de céréales Grape-Nuts pour obtenir une chapelure fine. Incorporer la préparation en attente. Ajouter la farine, le granulé SPLENDA®, le sel, les œufs, les blancs d'œuf et les raisins secs. Battre environ 3 minutes, ou jusqu'à l'obtention d'une pâte élastique et collante. Couvrir et laisser reposer dans un four éteint mais préchauffé à 100 °C (200 °F), pendant 45 minutes, ou jusqu'à ce que la pâte ait doublé de volume. Pétrir la pâte, incorporer le beurre et battre pendant 2 minutes, ou jusqu'à ce que la pâte soit élastique et collante.

Graisser un moule à couronne d'un enduit végétal. Poudrer le moule de chapelure de céréales Grape-Nuts. Étaler uniformément la pâte dans le moule. Couvrir et laisser reposer jusqu'à ce que la pâte ait doublé de volume, soit environ 45 minutes. Cuire à 190 °C (375 °F) pendant 20 minutes, ou jusqu'à ce que le gâteau soit doré et qu'un bâtonnet, inséré au centre, en ressorte propre. Retourner sur une grille et laisser tiédir. Dresser sur un grand plat. Pratiquer des incisions à l'aide d'une fourchette sur toute la surface du gâteau.

Sirop parfumé au rhum: Dans une casserole, amener à ébullition à feu doux le granulé SPLENDA®, l'eau, le fructose, la fécule de maïs, le beurre et le sel. Retirer du feu. Ajouter l'essence de rhum. En arroser lentement la surface du gâteau et laisser le sirop s'accumuler autour du gâteau. Laisser reposer 5 minutes.

Fondant d'abricots: Dans une petite casserole, réchauffer la tartinade d'abricots et l'eau à feu doux jusqu'à ce qu'elle soit bien chaude. La passer au tamis et en napper soigneusement le gâteau.

Servir tiède.

Donne 16 portions

Une portion
189 calories; 3,7 g de protéines; 7,3 g de m.g.;
27,4 g de glucides; 1,5 g de fibres alimentaires.
1 ■ + ½ ▌ + ½ ✳ + ½ ▲

Pouding à la rhubarbe

Ce gâteau s'enrichit d'une sauce à la rhubarbe...
les amateurs de rhubarbe s'en régaleront!

Sauce à la rhubarbe:

2 ¼ tasses	tronçons de rhubarbe, frais ou surgelés	550 ml
½ tasse	granulé SPLENDA®	125 ml
⅓ tasse	jus d'orange	75 ml
2 c. à soupe	fécule de maïs	25 ml

Gâteau:

1 ⅔ tasse	farine tout usage	400 ml
½ tasse	granulé SPLENDA®	125 ml
1 ½ c. à thé	poudre à pâte	7 ml
¼ c. à thé	bicarbonate de soude	1 ml
2 c. à soupe	beurre ou margarine	25 ml
1	gros blanc d'œuf ou 1 petit œuf	1
1 tasse	babeurre (voir page 13)	250 ml
1 c. à thé	essence de vanille	5 ml

Glaçage:

⅓ tasse	farine tout usage	75 ml
2 c. à soupe	granulé SPLENDA®	25 ml
2 c. à soupe	margarine faible en gras saturés	25 ml

Sauce à la rhubarbe: Dans une casserole, rassembler la rhubarbe, le granulé SPLENDA®, le jus d'orange et la fécule de maïs. Amener à ébullition à feu doux puis couvrir et laisser mijoter en remuant de temps à autre, à petit feu, pendant environ 10 minutes, ou jusqu'à ce que la rhubarbe soit tendre.

Confection du gâteau: Rassembler la farine, le granulé SPLENDA®, la poudre à pâte et le bicarbonate de soude. Incorporer le beurre en travaillant la pâte avec les doigts. Dans une petite terrine, mousser le blanc d'œuf à la fourchette, incorporer le babeurre et la vanille. Verser sur les ingrédients secs et travailler la pâte légèrement pour la lier.

Étaler la moitié de la pâte dans un moule graissé de 2 litres (8 po de côté). Étaler la garniture de fruits sur la pâte. Disposer la pâte à la cuiller sur la garniture.

Glaçage: Dans un petit bol, rassembler la farine et le granulé SPLENDA®. À l'aide d'une fourchette, incorporer la margarine pour obtenir un mélange friable. En napper la préparation en couvrant tout particulièrement la sauce à la rhubarbe.

Cuire à 180 °C (350 °F) pendant 40 minutes, ou jusqu'à ce que le gâteau soit légèrement doré.

Donne 12 portions

Une portion
135 calories, 3,4 g de protéines, 3,3 g de m.g.,
22,4 g de glucides, 1,1 g de fibres alimentaires.
1 ■ + ½ ✳ + ½ ▲

Gâteau glacé aux abricots

Ce gâteau est à la fois dense et moelleux.

Purée d'abricots:

1 ⅓ tasse	abricots séchés, coupés en deux	325 ml
¼ tasse	granulé SPLENDA®	50 ml

Gâteau:

2 ¼ tasses	farine à pâtisserie autolevante (voir page 15)	550 ml
1 ½ tasse	granulé SPLENDA®	375 ml
2 c. à thé	poudre à pâte	10 ml
½ tasse	huile végétale	125 ml
3	jaunes d'œuf	3
1 tasse	eau	250 ml
1 tasse	purée d'abricots	250 ml
2 c. à thé	jus de citron	10 ml
7	blancs d'œuf à température ambiante	7
½ c. à thé	crème de tartre	2 ml

Fondant d'abricots:

½ tasse	tartinade d'abricots, page 17	125 ml
4 c. à thé	eau	20 ml

Purée d'abricots: Dans une casserole, rassembler les abricots, le granulé SPLENDA® et suffisamment d'eau pour couvrir les abricots. Amener à ébullition à feu doux et laisser mijoter en remuant de temps à autre, à petit feu, jusqu'à ce qu'il ne reste plus que 50 ml (¼ tasse) d'abricots. Réduire en purée à l'aide d'un robot culinaire.

Confection du gâteau: Rassembler la farine, le granulé SPLENDA® et la poudre à pâte. Faire un creux au centre et ajouter en fontaine l'huile, les jaunes d'œuf, l'eau, la purée d'abricots et le jus de citron. Battre ensemble à l'aide d'une spatule en bois. Mettre en attente.

Dans un grand bol, monter les blancs d'œuf et la crème de tartre en neige ferme. Incorporer délicatement à l'aide d'un fouet la pâte en attente, en plusieurs additions.

Étaler uniformément dans un moule Bundt non graissé de 25 cm (10 po). Cuire à 160 °C (325 °F) pendant 55 à 60 minutes, ou jusqu'à ce qu'un bâtonnet, inséré au centre, en ressorte propre. Si le gâteau tendait à brunir trop rapidement, le couvrir d'un papier d'aluminium après 30 minutes de cuisson. Au sortir du four, retourner le gâteau sur une grille. Laisser tiédir et dresser sur un plat.

Fondant d'abricots: Dans une petite casserole, réchauffer la tartinade d'abricots et l'eau à feu doux jusqu'à ce qu'elle soit bien chaude. La passer au tamis et en napper soigneusement le gâteau.

Donne 16 portions

Une portion
185 calories; 4,3 g de protéines; 8,0 g de m.g.;
24,3 g de glucides; 1,6 g de fibres alimentaires.
1 ■ + 1 ▌ + 1 ½ ▲

Gâteaux au fromage

Croûte Graham pour gâteaux au fromage

Gâteau au fromage aux fraises, sans cuisson

Gâteau au fromage

Chiffonnade au citron

Gâteau au fromage à la Pina Colada

Gâteau au fromage au café

Gâteau au fromage chocolaté au beurre d'arachide

Amandillo au fromage

Choco-banane au fromage

Gâteau au fromage et sa crème anglaise

Gâteau au fromage truffé de raisins

Gâteau au fromage marbré aux fraises

Croûte Graham pour gâteaux au fromage

On la fait cuire plus longuement pour la rendre plus étanche (bien lire les trucs du pro à la page 13). Les fromages faibles en m.g. retiennent moins leur liquide durant la cuisson.

¼ tasse	céréales Grape-Nuts ou chapelure de biscuits Graham	50 ml
½ tasse	chapelure de biscuits Graham	125 ml
¼ tasse	granulé SPLENDA®	50 ml
2 c. à soupe	margarine faible en gras saturés, fondue	25 ml
1	blanc d'œuf	1

À l'aide d'un robot, réduire les céréales en chapelure. Verser dans un bol. Ajouter la chapelure de biscuits Graham et le granulé SPLENDA®. Incorporer la margarine à la fourchette.

Dans une terrine, mousser le blanc d'œuf. En ajouter 15 ml (1 c. à soupe) au mélange.

En foncer un moule à fond amovible de 2,5 litres (9 po). Cuire de 15 à 20 minutes à 180 °C (350 °F). Attention à ne pas brûler la croûte. Laisser tiédir.

Donne 1 croûte de 23 cm (9 po), soit 12 portions

Variantes

Croûte à base de biscuits Oreo: Remplacer la chapelure de biscuits Graham par une chapelure de biscuits Oreo. Ajouter 15 ml (1 c. à soupe) de poudre de cacao et 15 ml (1 c. à soupe) de plus de granulé SPLENDA®.

Croûte à base de biscuits à la vanille: Remplacer la chapelure de biscuits Graham par une chapelure de biscuits à la vanille.

Une portion, biscuit Graham
36 calories; 0,7 g de protéines; 1,4 g de m.g.;
5,7 g de glucides; 0,4 g de fibres alimentaires.
½ ✱ + ½ ▲

Une portion, biscuit Oreo
40 calories; 0,7 g de protéines; 1,8 g de m.g.;
5,7 g de glucides; 0,4 g de fibres alimentaires.
½ ✱ + ½ ▲

Une portion, biscuit vanillé
35 calories; 0,5 g de protéines; 1,5 g de m.g.;
5,1 g de glucides; 0,3 g de fibres alimentaires.
½ ✱ + ½ ▲

Gâteau au fromage aux fraises, sans cuisson

*C'est mon préféré! Rosé à en faire rougir de plaisir, le goût
des fraises se marie à la riche saveur du fromage pour composer
un dessert irrésistible. Et si la valeur calorique importe peu,
on l'accompagnera d'une garniture fouettée faible
en calories et de fraises fraîches.*

croûte vanillée (voir page 63)
ou pâte brisée (voir page 134)

Garniture:

8 oz	fromage à la crème faible en m.g., ramolli (voir page 16)	250 g
¾ tasse	granulé SPLENDA®	175 ml
1	enveloppe de gélatine non aromatisée	1
¼ tasse	eau froide	50 ml
1 paquet	(600 g/20 oz) de fraises surgelées sans sucre, dégelées	1 paquet
2 tasses	garniture faible en calories pour desserts (voir page 16)	500 ml

Foncer un moule à fond amovible de 2 litres (8 po) et faire cuire la croûte
de biscuits à la vanille ou préparer une pâte brisée et la faire cuire pendant
15 minutes à 180 °C (350 °F).

Garniture: À l'aide d'un robot muni de son couteau, battre ensemble le fromage à la crème et le granulé SPLENDA®. Mettre en attente.

Dans une petite terrine, laisser ramollir la gélatine dans l'eau froide et la
faire dissoudre doucement à petit feu.

Égoutter les fraises et en réserver le jus. Ajouter suffisamment de ce jus à
la gélatine pour obtenir 250 ml (1 tasse) de liquide. Incorporer petit à petit au
mélange en attente et bien lier. Incorporer délicatement la garniture fouettée
et les fraises. Étaler dans une croûte froide. Laisser prendre au réfrigérateur.

Donne 12 portions

Une portion
128 calories; 3,3 g de protéines; 7,3 g de m.g.;
13,0 g de glucides; 1,0 g de fibres alimentaires.
½ ■ + ½ ✳ + 1 ½ ▲

Gâteau au fromage

*Cette recette sympa répond tout particulièrement aux demandes
que plusieurs m'ont adressées lors du lancement de mon premier livre de recettes.
On peut minimiser davantage l'apport en gras par portion
en choisissant la croûte de biscuits Graham à la page 63.*

pâte brisée (voir page 134)

Garniture:

2 ¼ tasses	fromage ricotta faible en m.g.	550 ml
8 oz	fromage à la crème faible en m.g., ramolli (voir page 16)	250 g
1 ¼ tasse	granulé SPLENDA®	300 ml
1 ¼ tasse	lait écrémé ou yogourt, égoutté	300 ml
2	œufs	2
¼ tasse	farine tout usage	50 ml
1 c. à thé	essence de vanille	5 ml
¼ c. à thé	sel	1 ml

Nappage:

½ tasse	crème sure faible en m.g.	125 ml
⅓ tasse	yogourt faible en m.g.	75 ml
⅓ tasse	granulé SPLENDA®	75 ml

Suivre la recette de la page 134 et confectionner la croûte. En foncer un moule à fond amovible de 2,5 litres (9 po). Cuire pendant 15 minutes à 180 °C (350 °F).

Garniture: À l'aide d'un robot muni de son couteau, battre en crème le fromage ricotta. Ajouter le fromage à la crème et battre jusqu'à l'obtention d'un mélange homogène. Incorporer le granulé SPLENDA®, le lait, les œufs, la farine, la vanille et le sel. Battre pour uniformiser.

Étaler dans une croûte froide et uniformiser la surface en passant le dos de la spatule.Cuire à 180 °C (350 °F) pendant 40 minutes, ou jusqu'à ce que le centre soit assez ferme au toucher.

Nappage: Dans un bol, rassembler la crème sure, le yogourt et le granulé SPLENDA®. Fouetter à la cuiller et étendre sur le gâteau. Réfrigérer.

Donne 12 portions

Une portion
253 calories; 11,7 g de protéines; 13,7 g de m.g.;
20,3 g de glucides; 0,4 g de fibres alimentaires.
½ ■ + 1 ◆ écrémé + ½ ✳ + 1 ● + 2 ▲

Chiffonnade au citron

Ce gâteau au fromage est tout simplement tendre et sublime.
Le goût acidulé du citron le rend rafraîchissant et le parfume savoureusement.
Pour lui donner davantage de volume, utilisez 500 ml (2 tasses) de fromage cottage,
3 œufs et un plus grand moule. Une croûte de pâte brisée s'y marie bien!

croûte de biscuits Graham (voir page 63)
ou pâte brisée (voir page 134)

Garniture:

1 tasse	fromage cottage écrémé à 2 %	250 ml
8 oz	fromage à la crème faible en m.g., ramolli (voir page 16)	250 g
1 ¼ tasse	granulé SPLENDA®	300 ml
¾ tasse	yogourt de lait écrémé	175 ml
2	jaunes d'œuf	2
¼ tasse	jus de citron	50 ml
1 c. à soupe	zeste de citron finement râpé	15 ml
2 gouttes	colorant alimentaire jaune	2 gouttes
2	blancs d'œuf	2
⅛ c. à thé	crème de tartre	0,5 ml

Nappage:

2 tasses	garniture hypocalorique pour desserts	500 ml

Suivre la recette de la page 63 et confectionner la croûte de biscuits Graham. En foncer un moule à fond amovible de 2 litres (8 po) ou préparer une pâte brisée et la faire cuire pendant 15 minutes à 180 °C (350 °F).

Garniture: À l'aide d'un robot muni de son couteau, battre en crème le fromage cottage. Ajouter le fromage à la crème et battre jusqu'à l'obtention d'un mélange homogène. Incorporer le granulé SPLENDA®, le yogourt, les jaunes d'œuf, le jus et le zeste de citron et le colorant alimentaire. Battre pour uniformiser.

Dans un bol, monter en neige ferme les blancs d'œuf additionnés de crème de tartre. Incorporer doucement à la garniture.

Étaler dans une croûte froide. Cuire à 180 °C (350 °F) pendant 35 à 40 minutes, ou jusqu'à ce que le gâteau soit ferme au toucher. Laisser tiédir.

Nappage: Étendre cette préparation sur le gâteau. Garnir de tranches de citron.

Donne 12 portions

Une portion
154 calories; 7,3 g de protéines; 8,4 g de m.g.;
12,8 g de glucides; 0,4 g de fibres alimentaires.
½ ■ + ½ ✳ + 1 ● + 1 ▲

Gâteau au fromage à la Pina Colada

*On vous en redemandera et on chantera ses louanges! Assurez-vous
d'utiliser des ananas auxquels on n'a pas ajouté de sucre.*

croûte de biscuits à la vanille (voir page 63)
ou pâte brisée (voir page 134)

Garniture:

2 tasses	fromage ricotta, partiellement écrémé	500 ml
8 oz	fromage à la crème, faible en m.g.	250 g
1 tasse	granulé SPLENDA®	250 ml
½ tasse	yogourt faible en m.g.	125 ml
2	œufs	2
3 c. à soupe	farine tout usage	45 ml
1 c. à thé	essence de noix de coco	5 ml
1 c. à thé	essence de rhum	5 ml
1 tasse	morceaux d'ananas en boîte, égouttés	250 ml
5	cerises au marasquin, hachées	5

Nappage:

¼ tasse	tartinade d'abricots (voir page 17)	50 ml
3	blancs d'œuf	3
¼ c. à thé	crème de tartre	1 ml
½ tasse	morceaux d'ananas en boîte, égouttés	125 ml
3	cerises au marasquin, hachées	3

Suivre la recette de la page 63 et confectionner une croûte vanillée. En foncer un moule à fond amovible de 2,5 litres (9 po) ou préparer une pâte brisée et la faire cuire pendant 15 minutes à 180 °C (350 °F).

Garniture: À l'aide d'un robot muni de son couteau, battre en crème le fromage ricotta. Ajouter le fromage à la crème, le granulé SPLENDA®, le yogourt, les œufs, la farine, l'essence de noix de coco et l'essence de rhum et battre jusqu'à l'obtention d'un mélange homogène. Incorporer les morceaux d'ananas et de cerises (au choix).

Étaler dans une croûte froide et cuire à 180 °C (350 °F) pendant 40 minutes, ou jusqu'à ce que le centre soit assez ferme au toucher. Laisser tiédir.

Nappage: À l'aide d'un robot, réduire les abricots en purée. Dans un bol, fouetter les blancs d'œuf et la crème de tartre pendant 1 minute, ajouter la tartinade d'abricots et monter en neige ferme. Étaler sur le gâteau.

Égoutter les morceaux d'ananas et les cerises, les disposer sur le gâteau. Cuire à 200 °C (400 °F) pendant 8 à 10 minutes, ou jusqu'à ce que le gâteau soit doré. Sortir du four et laisser reposer à température ambiante. Réfrigérer à découvert.

Donne 12 portions

Une portion
200 calories; 9,7 g de protéines; 9,2 g de m.g.;
19,3 g de glucides; 0,7 g de fibres alimentaires.
½ ■ + ½ ▮ + ½ ◆ écrémé + ½ ✳ + 1 ● + 1 ▲

Gâteau au fromage au café

Sa garniture fouettée en fait un vrai délice.

croûte de biscuits Oreo (voir page 63)

Garniture:

2 tasses	fromage ricotta, partiellement écrémé	500 ml
8 oz	fromage à la crème faible en m.g., ramolli	250 g
1 ½ tasse	granulé SPLENDA®	375 ml
⅔ tasse	yogourt de lait écrémé	150 ml
2	œufs	2
1	blanc d'œuf	1
¼ tasse	farine tout usage	50 ml
2 c. à soupe	granules de café soluble	25 ml
2 c. à soupe	eau chaude	25 ml
3 c. à soupe	poudre de cacao	45 ml
¼ c. à thé	poudre de cannelle	1 ml

Nappage:

2 oz	fromage à la crème faible en m.g., ramolli	60 g
⅔ tasse	yogourt de lait écrémé	150 ml
½ tasse	granulé SPLENDA®	125 ml

Pour garnir:

3 c. à soupe	granulé SPLENDA®	45 ml
1 c. à soupe	poudre de cacao	15 ml
⅛ c. à thé	poudre de cannelle	0,5 ml

Suivre la recette de la page 63 et confectionner la croûte.

Garniture: À l'aide d'un robot muni de son couteau, battre en crème le fromage ricotta. Battre ensemble la ricotta et le fromage à la crème. Incorporer le granulé SPLENDA®, le yogourt, les œufs, le blanc d'œuf et la farine, et battre jusqu'à l'obtention d'un mélange homogène. Délayer les granules de café dans l'eau chaude. Incorporer au mélange et ajouter la poudre de cacao et de cannelle. Battre pour uniformiser.

Étaler dans une croûte froide et cuire à 180 °C (350 °F) pendant 45 minutes, ou jusqu'à ce que le centre soit mollement ferme au toucher. Laisser tiédir.

Nappage: À l'aide d'un robot, battre le fromage en crème. Ajouter le yogourt et le granulé SPLENDA®. Battre ensemble. En masquer le gâteau. Laisser prendre au réfrigérateur.

Pour garnir: Retirer l'anneau. Étendre en oblique des lanières de 1 cm (½ po) de large de papier sulfurisé (ciré) en laissant un vide entre elles. Dans une petite terrine, rassembler le granulé SPLENDA®, le cacao et la cannelle. Poudrer le gâteau. Retirer les lanières de papier et réfrigérer.

Donne 12 portions

Une portion

214 calories; 10,8 g de protéines; 11,0 g de m.g.;
18,4 g de glucides; 1,2 g de fibres alimentaires.
½ ■ + ½ ◆ écrémé + ½ ✳ + 1 ● + 1 ½ ▲

Gâteau au fromage chocolaté au beurre d'arachide

Le chocolat s'ajoute au beurre d'arachide pour donner à ce gâteau une saveur qui rappelle celle des chocolats Reese's.

croûte de biscuits Oreo (voir page 63)

Garniture:

2 tasses	fromage ricotta faible en m.g.	500 ml
8 oz	fromage à la crème faible en m.g., ramolli (voir page 16)	250 g
1 ¼ tasse	granulé SPLENDA®	300 ml
1 tasse	yogourt de lait écrémé	250 ml
2	œufs	2
⅓ tasse	poudre de cacao	75 ml
3 c. à soupe	beurre d'arachide (sans sel ni sucre)	45 ml

Nappage:

2 tasses	garniture hypocalorique pour gâteaux (voir page 17)	500 ml
⅓ tasse	granulé SPLENDA®	75 ml
2 c. à thé	beurre d'arachide	10 ml

Suivre la recette de la page 63 et confectionner la croûte.

Garniture: À l'aide d'un robot muni de son couteau, battre en crème le fromage ricotta. Battre ensemble la ricotta et le fromage à la crème. Incorporer le granulé SPLENDA®, le yogourt, les œufs, le cacao et le beurre d'arachide. Battre et dégager les parois du bol, jusqu'à l'obtention d'un mélange homogène.

Étaler dans une croûte froide et cuire à 180 °C (350 °F) de 45 à 50 minutes, ou jusqu'à ce que le centre soit mollement ferme au toucher. Laisser tiédir.

Nappage: À l'aide d'un robot, battre ensemble la garniture hypocalorique, le granulé SPLENDA® et le beurre d'arachide. En masquer le gâteau. Réfrigérer.

Donne 12 portions

Une portion
227 calories; 11,2 g de protéines; 13,5 g de m.g.;
16,9 g de glucides; 1,6 g de fibres alimentaires.
½ ■ + ½ ◆ écrémé + ½ ✳ + 1 ● + 2 ▲

Amandillo au fromage

D'après mon mari, c'est ce gâteau au fromage qui remporte la palme!

	croûte de biscuits Oreo (voir page 63), ou pâte brisée au chocolat (voir page 134)	

Garniture:

2 tasses	fromage ricotta partiellement écrémé	500 ml
8 oz	fromage à la crème faible en m.g., ramolli (voir page 16)	250 g
1 ½ tasse	granulé SPLENDA®	375 ml
1 tasse	yogourt écrémé	250 ml
2	œufs	2
⅓ tasse	poudre de cacao	75 ml
2 c. à soupe	amandes effilées, finement hachées	25 ml
½ oz	chocolat amer ou sans sucre, fondu	15 g
½ c. à thé	essence d'amande	2 ml

Garniture fouettée au chocolat:

2 tasses	garniture hypocalorique (voir page 17)	500 ml
⅓ tasse	granulé SPLENDA®	75 ml
2 c. à soupe	poudre de cacao	25 ml

Pour garnir:

2 c. à soupe	amandes tranchées et blanchies	25 ml

Préparer la croûte d'après la recette.

Garniture: À l'aide d'un robot muni de son couteau, battre en crème le fromage ricotta. Battre ensemble la ricotta et le fromage à la crème. Incorporer le granulé SPLENDA®, le yogourt, les œufs, le cacao, les amandes, le chocolat et l'essence d'amande. Battre jusqu'à l'obtention d'un mélange homogène.

Étaler dans une croûte froide et cuire à 180 °C (350 °F) de 45 à 50 minutes, ou jusqu'à ce que le centre soit mollement ferme au toucher. Laisser tiédir.

Garniture fouettée au chocolat: Battre ensemble la garniture hypocalorique, le granulé SPLENDA® et le cacao. En masquer le gâteau. Garnir d'amandes. Réfrigérer.

Donne 12 portions

Une portion
224 calories; 10,8 g de protéines; 13,2 g de m.g.;
17,6 g de glucides; 2,0 g de fibres alimentaires.
½ ■ + ½ ◆ écrémé + ½ ✲ + 1 ● + 2 ▲

Choco-banane au fromage

Un gâteau au fromage riche et savoureux qui rappelle le bon lait au chocolat.

croûte de biscuits Oreo (voir page 63)

Garniture:

2 tasses	fromage ricotta partiellement écrémé	500 ml
8 oz	fromage à la crème faible en m.g., ramolli (voir page 16)	250 g
1 ½ tasse	granulé SPLENDA®	375 ml
1 tasse	yogourt écrémé ou yogourt égoutté (voir page 15)	250 ml
2	œufs	2
2	bananes écrasées	2
⅓ tasse	poudre de cacao	75 ml
3 c. à soupe	farine tout usage	45 ml
	garniture fouettée au chocolat (voir page 72) ou fondant au chocolat (voir page 143)	

Préparer la croûte d'après la recette.

Garniture: À l'aide d'un robot muni de son couteau, battre en crème le fromage ricotta. Battre ensemble la ricotta et le fromage à la crème. Incorporer le granulé SPLENDA®, le yogourt, les œufs, les bananes, le cacao et la farine. Battre et dégager les parois à l'occasion, jusqu'à l'obtention d'un mélange homogène.

Étaler dans une croûte froide et cuire à 180 °C (350 °F) de 45 à 50 minutes, ou jusqu'à ce que le centre soit mollement ferme au toucher. Laisser tiédir.

Nappage: Masquer le gâteau de son fondant ou de sa garniture hypocalorique. Réfrigérer.

Donne 12 portions

Une portion
234 calories; 10,8 g de protéines; 12,0 g de m.g.;
23,0 g de glucides; 2,1 g de fibres alimentaires.
½ ■ + ½ ▮ + ½ ◆ écrémé + ½ ✳ + 1 ● + 2 ▲

Gâteau au fromage et sa crème anglaise

Tout simplement délectable!

	croûte de biscuits à la vanille (voir page 63) ou pâte brisée (voir page 134)	

Garniture:

16 oz	fromage à la crème faible en m.g., ramolli (voir page 16)	500 g
1 ½ tasse	granulé SPLENDA®	375 ml
1 ½ tasse	banane écrasée	375 ml
1 tasse	yogourt égoutté (voir page 15)	250 ml
3	œufs	3
⅓ tasse	préparation pour crème anglaise	75 ml
1 c. à soupe	essence de vanille	15 ml

Crème anglaise:

½ tasse	granulé SPLENDA®	125 ml
3 c. à soupe	préparation pour crème anglaise	45 ml
1 ½ tasse	lait écrémé	375 ml

Pour garnir:

1	grosse banane, en rondelles	1
1 c. à soupe	jus de citron	15 ml

Suivre la recette de la page 63 et confectionner une croûte vanillée. En foncer un moule à fond amovible de 2,5 litres (9 po) ou préparer une pâte brisée et la faire cuire pendant 15 minutes à 180 °C (350 °F).

Garniture: À l'aide d'un robot muni de son couteau, battre en crème le fromage à la crème. Ajouter le granulé SPLENDA®, la purée de banane, le yogourt, les œufs, la préparation pour crème anglaise et l'essence de vanille. Battre jusqu'à l'obtention d'un mélange homogène.

Étaler dans une croûte froide et cuire à 180 °C (350 °F) pendant 50 minutes, ou jusqu'à ce que le centre soit assez ferme au toucher. Laisser tiédir.

Nappage: Rassembler le granulé SPLENDA® et la préparation pour crème anglaise dans un bol. Incorporer progressivement le lait et amener à ébullition à feu doux en remuant constamment. Laisser tiédir. Étaler sur le gâteau. Couvrir le gâteau d'une pellicule plastique et réfrigérer.

Garnir, tout juste avant de servir, de rondelles de banane trempées dans du jus de citron.

Donne 12 portions

Une portion

270 calories; 8,6 g de protéines; 13,6 g de m.g.;
28,5 g de glucides; 1,0 g de fibres alimentaires.
1 ■ + 1 ▮ + ½ ◆ écrémé + ½ ● + 2 ½ ▲

Gâteau au fromage truffé de raisins

La pâte brisée accompagne au mieux tous les gâteaux au fromage (voir page 14).

pâte brisée (voir page 134)

Garniture:

2 ⅓ tasses	fromage ricotta partiellement écrémé	575 ml
8 oz	fromage à la crème faible en m.g., ramolli (voir page 16)	250 g
¾ tasse	granulé SPLENDA®	175 ml
½ tasse	lait écrémé et évaporé	125 ml
2	jaunes d'œuf	2
2 c. à soupe	farine tout usage	25 ml
2 c. à soupe	jus de citron	25 ml
2 c. à thé	essence de vanille	10 ml
¾ tasse	raisins secs	175 ml
2	blancs d'œuf	2
¼ c. à thé	crème de tartre	1 ml

Nappage:

½ tasse	crème sure faible en m.g.	125 ml
⅓ tasse	yogourt de lait écrémé	75 ml
⅓ tasse	granulé SPLENDA®	75 ml

Préparer la croûte d'après la recette. En foncer un moule à fond amovible de 23 cm (9 po) et cuire pendant 15 minutes à 180 °C (350 °F).

Garniture: À l'aide d'un robot muni de son couteau, battre en crème le fromage ricotta. Incorporer le fromage à la crème, le granulé SPLENDA®, le lait évaporé, les jaunes d'œuf, la farine, le jus de citron et la vanille. Battre jusqu'à l'obtention d'un mélange homogène. Incorporer les raisins.

Dans un bol, battre et monter en neige ferme les blancs d'œuf additionnés de crème de tartre. Incorporer délicatement au mélange.

Étaler dans une croûte froide et cuire à 180 °C (350 °F) pendant 40 minutes, ou jusqu'à ce que le centre soit assez ferme au toucher. Laisser tiédir.

Nappage: Travailler ensemble dans un bol le granulé SPLENDA®, la crème sure et le yogourt jusqu'à l'obtention d'un mélange homogène. En masquer le gâteau et le passer au four 10 minutes de plus.

Donne 12 portions

Une portion
286 calories; 11,6 g de protéines; 15,2 g de m.g.;
26,1 g de glucides; 0,7 g de fibres alimentaires.
½ ■ + 1 ▋ + 1 ◆ écrémé + 1 ● 2 ½ ▲

Gâteau au fromage marbré aux fraises

Aussi beau que bon!

croûte vanillée (voir page 63)

Fondant aux fraises:

¼ tasse	tartinade de fraises (voir page 17)	50 ml
4 c. à thé	fécule de maïs	20 ml
4 c. à thé	eau	20 ml
1 ¾ tasse	fraises surgelées sans sucre, coupées en moitiés	425 ml
2 c. à soupe	granulé SPLENDA®	25 ml

Garniture:

2 ¼ tasses	fromage ricotta partiellement écrémé	550 ml
8 oz	fromage à la crème faible en m.g., ramolli (voir page 16)	250 g
1 ¼ tasse	granulé SPLENDA®	300 ml
1 ¼ tasse	yogourt nature	300 ml
2	œufs	2
¼ tasse	farine tout usage	50 ml
1 c. à thé	essence de vanille	5 ml
¼ c. à thé	sel	1 ml

Préparer la croûte d'après la recette, mais en foncer un moule à fond amovible de 2 litres (8 po). Vaporiser la paroi du moule d'un enduit végétal. Poser le moule sur une feuille de papier d'aluminium et le couvrir de papier. Recommencer à l'aide d'une deuxième feuille afin de rendre le moule étanche.

Fondant: Si la crème à tartiner contient des pépins, la filtrer en la passant au tamis et réserver 50 ml (¼ tasse) de tartinade. Mettre en attente. Dans une casserole, délayer la fécule de maïs dans l'eau et ajouter les fraises et le granulé SPLENDA®. Amener à ébullition à feu doux, en remuant souvent. Laisser frémir 1 minute. Verser dans un robot, ajouter la tartinade et réduire en purée.

Garniture: À l'aide d'un robot muni de son couteau, battre en crème le fromage ricotta. Incorporer le fromage à la crème, le granulé SPLENDA®, le yogourt, les œufs, la farine, la vanille et le sel. Battre jusqu'à l'obtention d'un mélange homogène.

Étaler dans une croûte froide. Parsemer de cuillerées de fondant et à l'aide de la lame d'un couteau, marbrer le gâteau en traçant des motifs.

Dresser dans une bassine d'eau bouillante (cuire au bain-marie). Le moule y baignera dans 2,5 cm (1 po) d'eau. Cuire à 160 °C (325 °F) pendant 60 minutes. Abaisser la température du four à 150 °C (300 °F) et cuire 10 minutes de plus, ou jusqu'à ce que l'effet de marbre soit assez ferme au toucher.

Éteindre le four et ouvrir sa porte. Passer la lame d'un couteau entre le gâteau et la paroi du moule pour laisser s'échapper la vapeur. Laisser tiédir le gâteau dans le four après avoir fermé la porte. Couvrir et réfrigérer.

Donne 12 portions

Une portion
207 calories; 10,1 g de protéines; 10,2 g de m.g.;
18,6 g de glucides; 0,7 g de fibres alimentaires.
½ ■ + ½ ▮ + ½ ◆ écrémé + 1 ● + 1 ½ ▲

Peut-on, sans se culpabiliser, se mettre un gâteau au fromage sous la dent?

Voici une comparaison qui en dit long entre un gâteau au fromage marbré aux fraises ordinaire et sa variante confectionnée à l'aide de l'édulcorant hypocalorique SPLENDA®.

	Calories par portion	Matières grasses g par portion
Gâteau au fromage ordinaire	523	31
Gâteau au fromage à la SPLENDA®	207	10
	316	21

Une portion de gâteau au fromage aux fraises ordinaire
523 calories; 8,2 g de protéines; 31,2 g de m.g.;
54,6 g de glucides; 1,9 g de fibres alimentaires.

Tartes et pâtisseries

Frappé aux trois fruits, p. 24
Muffins de la Forêt-Noire, p. 31
Mignonnettes Koe, p. 35

Gâteau renversé à l'ananas, p. 50
Shortcake aux fraises, p. 49

Gâteau au fromage aux fraises, sans cuisson, p. 64

Tarte aux poires, p. 96
Petits choux à la crème, p. 100

Galantine de melon, p. 108
Clafoutis aux petits fruits, p. 109

Dans le sens des aiguilles d'une montre: Oh Chocolat!, p. 121
Joyaux aux abricots, p. 124
Truffes, p. 122

Dans le sens des aiguilles d'une montre:
Régals de Nanaimo, p. 138
Pavés en fête, p. 135
Amandines, p. 131

Beurre aux pommes, p. 149
Confiture de framboises, p. 151

Recette simple pour fond de tarte

Voici une variante allégée d'une recette qui paraissait dans mon premier recueil. Vaporisez le moule d'un enduit végétal et vous pourrez découper la tarte, la soulever et la dresser sur un plat de service avec plus de facilité. Il y a également d'autres recettes de croûte aux pages 63 et 134.

1 tasse	farine tout usage	250 ml
2 c. à soupe	margarine faible en gras saturés	25 ml
2 c. à soupe	beurre ou margarine, ramolli	25 ml
¼ c. à thé	poudre à pâte	1 ml
¼ c. à thé	sel	1 ml
3 c. à soupe	eau froide	45 ml
1 c. à thé	vinaigre	5 ml

Travailler ensemble dans un robot culinaire jusqu'à l'obtention d'une préparation friable, la farine, la margarine faible en gras saturés, le beurre, la poudre à pâte et le sel. Rassembler l'eau et le vinaigre et incorporer progressivement à la préparation à l'aide du robot. Étaler sur un plan de travail fariné, former une boule et l'aplatir.

À l'aide d'un rouleau à pâtisserie, étendre la pâte en un disque de 28 x 30 cm (11 x 12 po). Vaporiser au choix d'un enduit végétal une assiette en verre de 23 cm (9 po) de diamètre. Foncer le moule de sa pâte et la souder au rebord en se servant des doigts.

Piquez la pâte des dents de la fourchette pour empêcher la pâte de lever durant la cuisson. Cuire à 200 °C (400 °F) pendant environ 15 minutes, ou jusqu'à ce que la croûte blondisse. Laisser tiédir avant de garnir.

Donne 1 croûte à tarte de 23 cm (9 po), soit 8 pointes

Variante

Croûte au chocolat: Remplacer 250 ml (1 tasse) de farine par 175 ml (¾ tasse) de farine, 50 ml (¼ tasse) de poudre de cacao et 50 ml (¼ tasse) de granulé SPLENDA® (voir page 13).

Une pointe de croûte simple
95 calories; 1,7 g de protéines; 4,4 g de m.g.;
12,0 g de glucides; 0,5 g de fibres alimentaires.
1 ■ + 1 ▲

Une pointe de croûte simple au chocolat
92 calories; 1,7 g de protéines; 5,1 g de m.g.;
11,1 g de glucides; 1,3 g de fibres alimentaires.
½ ■ + 1 ▲ + 1 ++

Croustillant aux pommes

Appétissant, il a plu à mes garçons, tant et si bien qu'ils l'ont tout simplement dévoré avant même que leur père puisse y goûter.

	fond de tarte (voir page 81)	

Garniture:

6 tasses	pommes pelées et tranchées	1,5 litre
2 c. à soupe	jus de citron	25 ml
⅔ tasse	granulé SPLENDA®	150 ml
2 c. à soupe	farine tout usage	25 ml
½ c. à thé	poudre de cannelle	2 ml
⅛ c. à thé	muscade râpée	0,5 ml

Croustillant:

⅓ tasse	farine tout usage	75 ml
⅓ tasse	flocons d'avoine	75 ml
⅓ tasse	granulé SPLENDA®	75 ml
1 c. à thé	poudre de cannelle	5 ml
3 c. à soupe	margarine faible en gras saturés	45 ml

Préparer le fond de tarte, sans cuisson.

Garniture: Placer les pommes dans un grand récipient et les arroser de jus de citron. Dans un grand bol, rassembler le granulé SPLENDA®, la farine, la cannelle et la muscade. Verser sur les pommes. Disposer soigneusement les pommes dans la croûte.

Croustillant: Dans un bol, rassembler la farine, les flocons d'avoine, le granulé SPLENDA® et la cannelle. Incorporer la margarine aux ingrédients à l'aide d'une fourchette. Étaler sur les pommes. Cuire à 220 °C (425 °F) pendant 15 minutes. Abaisser la température du four à 180 °C (350 °F) et cuire 30 ou 35 minutes de plus, ou jusqu'à ce que les pommes soient tendres. Si la croûte brunit trop rapidement, la couvrir d'un papier d'aluminium.

Donne 8 pointes

Une pointe
214 calories; 3,1 g de protéines; 7,1 g de m.g.;
35,6 g de glucides; 3,1 g de fibres alimentaires.
1 ½ ■ + 1 ▌ + 1 ½ ▲

Croustillant à la rhubarbe et aux fraises

Au goût de tous, on peut le servir avec fierté.

	fond de tarte (voir page 81)	

Garniture:

1 paquet	(600 g/20 oz) d'un mélange de rhubarbe et de fraises surgelées	1 paquet
1 tasse	granulé SPLENDA®	250 ml
3 c. à soupe	fécule de maïs	45 ml
3 c. à soupe	eau froide	45 ml
1 c. à thé	essence de vanille	5 ml

Croustillant:

⅓ tasse	farine tout usage	75 ml
⅓ tasse	flocons d'avoine	75 ml
⅓ tasse	granulé SPLENDA®	75 ml
1 c. à thé	poudre de cannelle	5 ml
3 c. à soupe	margarine faible en gras saturés	45 ml

Préparer la pâte à tarte, sans la cuire.

Garniture: Laisser partiellement dégeler les fruits. Dans un récipient de taille moyenne, ajouter le granulé SPLENDA® aux fruits. Délayer la fécule de maïs dans l'eau froide, l'incorporer aux fruits et amener à ébullition à feu doux, en remuant. Ajouter la vanille. Laisser tiédir et étaler sur la pâte.

Croustillant: Dans un bol, rassembler la farine, les flocons d'avoine, le granulé SPLENDA® et la cannelle. Incorporer la margarine aux ingrédients à l'aide d'une fourchette. Étaler sur les fruits. Cuire à 190 °C (375 °F) de 35 à 40 minutes. Si la croûte brunit trop rapidement, la couvrir d'un papier d'aluminium.

Donne 8 pointes

Une pointe
195 calories; 3,2 g de protéines; 6,9 g de m.g.;
30,3 g de glucides; 2,4 g de fibres alimentaires.
1 ½ ■ + ½ ▮ + 1 ½ ▲

Tarte aux noix

Bien qu'elle soit différente de la tarte aux pacanes classique, elle n'en plaît pas moins au palais. Vous pouvez également la servir sertie d'une garniture hypocalorique.

	fond de tarte (voir page 81)	

Sirop:

1 ¾ tasse	granulé SPLENDA®	425 ml
¾ tasse	jus d'ananas	175 ml
¼ tasse	fructose en poudre (voir page 16)	50 ml
1 c. à soupe	fécule de maïs	15 ml
1 c. à soupe	beurre ou margarine	15 ml
⅛ c. à thé	sel	0,5 ml
1 c. à thé	essence de vanille	5 ml

Garniture:

1 ½ tasse	pacanes en moitiés	375 ml
2	œufs	2
1 tasse	granulé SPLENDA®	250 ml
⅓ tasse	beurre ou margarine, fondu	75 ml

Préparer le fond de tarte, sans le cuire.

Sirop: Dans une casserole, rassembler le granulé SPLENDA®, le jus d'ananas, le fructose, la fécule de maïs, le beurre et le sel. Amener à ébullition à feu doux. Retirer du feu et ajouter la vanille. Laisser tiédir.

Garniture: Étaler les pacanes dans la croûte. Dans un petit récipient, mousser légèrement les œufs, ajouter le granulé SPLENDA®, le beurre et le sirop. Verser sur les noix. Cuire pendant 15 minutes à 190 °C (375 °F). Abaisser la température du four à 180 °C (350 °F) et prolonger la cuisson de 30 minutes, ou jusqu'à ce que la garniture se soit légèrement solidifiée.

Donne 12 pointes

Une pointe
272 calories; 3,3 g de protéines; 19,2 g de m.g.;
23,1 g de glucides; 1,2 g de fibres alimentaires.
½ ■ + ½ ▌ + 1 ✳ + 4 ▲

Tarte à la citrouille

*Elle plaît tout autant à l'œil qu'au palais et n'a rien à envier
à sa variante la plus connue!*

fond de tarte (voir page 81)

Garniture:

2	œufs	2
1 boîte	(398 ml/14 oz) pulpe de citrouille	1 boîte
1 ¼ tasse	lait écrémé condensé	300 ml
1 tasse	granulé SPLENDA®	250 ml
1 c. à thé	poudre de cannelle	5 ml
½ c. à thé	gingembre moulu	2 ml
¼ c. à thé	muscade moulue	1 ml
⅛ c. à thé	clou de girofle moulu	0,5 ml
⅛ c. à thé	sel	0,5 ml

Nappage:

2 tasses	garniture hypocalorique (voir page 17)	500 ml

Préparer le fond de tarte, sans le cuire.

Garniture: Fouetter les œufs dans un grand récipient. Incorporer au fouet la pulpe de citrouille, le lait, le granulé SPLENDA®, la cannelle, le gingembre, la muscade, le clou de girofle et le sel. Étaler dans la croûte. Cuire pendant 10 minutes à 230 °C (450 °F). Abaisser la température du four à 180 °C (350 °F) et prolonger la cuisson de 30 minutes, ou jusqu'à ce que la garniture se soit légèrement solidifiée. Couvrir la croûte d'un papier d'aluminium si elle brunit trop rapidement.

Donne 12 pointes

Une pointe
200 calories; 7,6 g de protéines; 7,5 g de m.g.;
26,4 g de glucides; 1,5 g de fibres alimentaires.
1 ■ + ½ ▮ + ½ ◆ écrémé + 1 ½ ▲

Recette double de pâte à tarte

C'est à ma belle-mère, Kay Eloff, que je dois ce petit joyau.
Voir la recette d'une tarte aux deux fruits et ses croisillons de pâte à la page 87
pour apprendre à faire des croisillons.

2 tasses	farine tout usage	500 ml
2 c. à soupe	granulé SPLENDA®	25 ml
1 c. à thé	poudre à pâte	5 ml
½ c. à thé	sel	2 ml
1	œuf	1
½ tasse	lait écrémé	125 ml
¼ tasse	huile végétale	50 ml

Travailler ensemble, dans un récipient, la farine, le granulé SPLENDA®, la poudre à pâte et le sel. Dans un bol, fouetter les œufs et y incorporer le lait et l'huile. Verser en travaillant à la fourchette sur les ingrédients secs. Pétrir et façonner deux boules.

Aplatir au rouleau et en foncer deux assiettes à tarte en verre de 23 cm (9 po) de diamètre.

Piquer la pâte des dents de la fourchette pour empêcher la pâte de lever durant la cuisson. Cuire à 180 °C (350 °F) pendant environ 20 minutes, ou jusqu'à ce que la croûte blondisse.

Donne 2 croûtes à tarte de 23 cm (9 po), ou une recette double de pâte

Remarque: Vous pouvez également faire congeler la deuxième abaisse sans la faire cuire. Assurez-vous de bien la couvrir à l'aide d'une pellicule plastique et d'un papier d'aluminium. Divisez alors par deux les valeurs nutritionnelles.

Une pointe de pâte double (⅛ de la recette)
191 calories; 4,5 g de protéines; 7,8 g de m.g.;
25,2 g de glucides; 1,0 g de fibres alimentaires.
1 ½ ■ + 1 ½ ▲ + 1 ++

Tarte aux deux fruits et ses croisillons

Cette tarte spectaculaire a un goût de fruits frais qui en fait un vrai délice! Laissez-la tiédir et soulevez-la tout simplement pour la dresser sur un plat de service.

recette double de pâte à tarte (voir page 86)

Garniture:

2 tasses	abricots séchés en moitiés	500 ml
2 boîtes	(398 ml/14 oz) pêches tranchées dans leur jus	2 boîtes
¾ tasse	granulé SPLENDA®	175 ml
1 c. à soupe	jus de citron	15 ml
1 c. à soupe	fécule de maïs	15 ml

Préparer la pâte en suivant la recette. Façonner la pâte en deux boules, l'une légèrement plus volumineuse que l'autre. Sur un plan de travail, aplatir chacune des abaisses pour former des disques de 28 à 30 cm de diamètre (11 à 12 po) et de 23 à 25 cm de diamètre (9 à 10 po). Foncer un moule de 23 cm (9 po) de la plus grande des abaisses. Découper les rebords.

Garniture: Verser suffisamment d'eau bouillante sur les abricots pour les couvrir. Laisser reposer pendant 1 heure. Égoutter.

Égoutter les pêches et en réserver le jus. Dans une casserole, verser le jus des pêches, les abricots, le granulé SPLENDA® et le jus de citron. Amener à ébullition, couvrir et laisser frémir pendant 20 minutes pour obtenir 150 ml (⅔ tasse) de ce mélange. Délayer la fécule de maïs dans un peu de jus, puis l'incorporer au mélange. Ajouter les pêches. Laisser tiédir et déposer dans le fond de tarte.

Confection des croisillons: À l'aide d'une lame de couteau ou d'un instrument de cuisine, découper la pâte en lanières de 1 cm (½ po) de large. Les déposer en croisillons sur la garniture. Cuire à 190 °C (375 °F) pendant environ 35 minutes, ou jusqu'à ce que la croûte soit dorée. Servir au sortir du four ou tiède.

Donne 8 pointes

Une pointe
328 calories; 6,4 g de protéines; 8,0 g de m.g.;
60,6 g de glucides; 5,1 g de fibres alimentaires.
1 ½ ■ + 3 ½ ❙ + 1 ½ ▲

Tartes aux fruits garnies de croisillons

Fruit	Quantité de fruits	Granulé SPLENDA®	Farine tout usage	Épices ou Parfum
Rhubarbe, coupée en tronçons de 2,5 cm (1 po)	1,25 litre (5 tasses)	375 ml (1 ½ tasse)	50 ml (¼ tasse)	5 ml (1 c. à thé) d'essence de vanille
Pommes pelées, épépinées et tranchées	2 litres (8 tasses)	150 ml (⅔ tasse)	25 ml (2 c. à soupe)	2 ml (½ c. à thé) de poudre de cannelle 5 ml (1 c. à thé) de muscade finement râpée
Pêches, pelées et coupées en petites tranches	1,5 litre (6 tasses)	175 ml (¾ tasse)	45 ml (3 c. à soupe)	5 ml (1 c. à thé) de zeste de citron finement râpé
Nectarines, coupées en quartiers	1,5 litre (6 tasses)	175 ml (¾ tasse)	45 ml (3 c. à soupe)	5 ml (1 c. à thé) de zeste de citron finement râpé
Poires	1,5 litre (6 tasses)	125 ml (½ tasse)	50 ml (¼ tasse)	20 ml (4 c. à thé) de jus de citron
Baies surgelées ou baies fraîches	1 paquet (600 g) 1,25 litre (5 tasses)	175 ml (¾ tasse)	50 ml (¼ tasse)	15 ml (1 c. à soupe) de jus de citron
Framboises	1,25 litre (5 tasses)	175 ml (¾ tasse)	50 ml (¼ tasse)	1 ml (¼ c. à thé) d'essence d'amande
Abricots dénoyautés, coupés en petites tranches	1,25 litre (5 tasses)	375 ml (1 ½ tasse)	90 ml (6 c. à soupe)	5 ml (1 c. à thé) de zeste de citron
Bleuets ou myrtilles	1,25 litre (5 tasses)	250 ml (1 tasse)	45 ml (3 c. à soupe)	5 ml (1 c. à thé) de zeste de citron
Fraises, tranchées minces	1,5 litre (6 tasses)	125 ml (½ tasse)	50 ml (¼ tasse)	15 ml (1 c. à soupe) jus de citron
Cerises sucrées, dénoyautées	1,25 litre (5 tasses)	300 ml (1 ¼ tasse)	75 ml (⅓ tasse)	1 ml (¼ c. à thé) d'essence de cerises ou d'amande
Prunes, dénoyautées et tranchées minces	1 litre (4 tasses)	250 ml (1 tasse)	45 ml (3 c. à soupe)	10 ml (2 c. à thé) de jus de citron

Lorsque vous utilisez des fruits surgelés, faites-les partiellement dégeler avant de vous en servir. Arrosez-les de jus de citron (au choix) et poudrez-les d'un mélange de granulé SPLENDA®, de farine et d'épices. Disposez les fruits dans un fond de tarte de 23 cm (9 po). Parsemez-les de 15 ml (1 c. à soupe) de margarine faible en gras saturés. Couvrir de croisillons. Faites cuire à 230 °C (450 °F) pendant 15 minutes et abaissez la température du four à 180 °C (350 °F), puis prolongez la cuisson de 40 minutes, ou jusqu'à ce que les fruits soient tendres. Couvrez la tarte d'un papier d'aluminium si elle tend à trop brunir.

Donne 8 pointes

Remarque: L'analyse nutritionnelle d'une recette de pâte double paraît à la page 86, mais elle variera légèrement selon le fruit qui sera utilisé.

Pavé aux pommes

Cette tarte novatrice se tranche bien et se prend en un tournemain.

recette double de pâte à tarte (voir page 87)

Garniture:

¾ tasse	compote de pommes, non sucrée	175 ml
1 c. à soupe	granulé SPLENDA®	15 ml
6 ou 7	pommes de grosseur moyenne Golden Delicious ou Granny Smith	6 ou 7
¼ tasse	jus de citron	50 ml
½ tasse	granulé SPLENDA®	125 ml
1 c. à thé	poudre de cannelle	5 ml

Croustillant:

¾ tasse	farine tout usage	175 ml
½ tasse	granulé SPLENDA®	125 ml
¼ tasse	margarine faible en gras saturés, fondue	50 ml

Confectionner la pâte à tarte. Abaisser la pâte et en foncer une plaque à pizza de 30 cm (12 po) en laissant déborder la pâte de 2,5 cm (1 po). Ramener les extrémités sous les parois et à l'aide des doigts, presser les rebords pour les souder.

Garniture: Dans un terrine, rassembler la compote de pommes et 15 ml (1 c. à soupe) de granulé SPLENDA®. Étendre sur l'abaisse. Dans un bol, peler, épépiner et trancher les pommes finement et les arroser de jus de citron. Disposer la moitié des pommes sur l'abaisse. Dans une terrine, rassembler 125 ml (½ tasse) de granulé SPLENDA® et la poudre de cannelle. Saupoudrer la moitié de ce mélange sur les pommes. Disposer l'autre moitié des pommes sur l'abaisse et les saupoudrer du reste du mélange à la cannelle.

Croustillant: Dans un petit bol, travailler la farine, le granulé SPLENDA® et la margarine à la fourchette. En napper les pommes. Cuire 10 minutes dans un four à 230 °C (450 °F), puis à 180 °C (350 °F) pendant 30 minutes, ou jusqu'à ce que les pommes soient tendres. Couvrir d'un papier d'aluminium pour empêcher les pommes de trop brunir. Servir tiède ou à température ambiante.

Donne 12 pointes

Une pointe
226 calories; 4,0 g de protéines; 7,3 g de m.g.;
36,7 g de glucides; 2,7 g de fibres alimentaires.
1 ■ + 2 ❚ + 1 ½ ▲

Croûte de biscuits Graham

Les céréales Grape-Nuts ne contiennent aucun ajout de matières grasses ou de sucre. On se sert à volonté de chapelure de céréales ou de biscuits Graham (voir les trucs du pro à la page 13).

⅔ tasse	céréales Grape-Nuts ou chapelure de biscuits Graham	150 ml
⅔ tasse	chapelure de biscuits Graham	150 ml
⅓ tasse	granulé SPLENDA®	75 ml
¼ tasse	margarine faible en gras saturés, fondue	50 ml

Dans un robot, transformer les céréales en fine chapelure. Verser dans un bol et ajouter la chapelure de biscuits Graham et le granulé SPLENDA®. Incorporer la margarine à la fourchette. En foncer un moule en verre de 23 cm (9 po) et ses parois de 2,5 cm (1 po). Cuire 10 minutes à 180 °C (350 °F). Laisser refroidir.

Donne 1 croûte à tarte de 23 cm (9 po)

Variantes

Biscuits Oreo: Remplacer 125 ml (½ tasse) de chapelure Graham par de la chapelure de biscuits Oreo. Ajouter 15 ml (1 c. à soupe) de poudre de cacao et 15 ml (1 c. à soupe) de plus de granulé SPLENDA®.

Croûte vanillée: Remplacer la chapelure de biscuits Graham par de la chapelure de biscuits à la saveur de vanille.

Une portion de croûte Graham
98 calories; 1,9 g de protéines; 3,7 g de m.g.;
15,3 g de glucides; 1,3 g de fibres alimentaires.
1 ■ + 1 ▲

Une portion de croûte Oreo
95 calories; 1,8 g de protéines; 4,1 g de m.g.;
13,5 g de glucides; 1,4 g de fibres alimentaires.
½ ■ + ½ ✳ + 1 ▲

Une portion de croûte vanillée
97 calories; 1,6 g de protéines; 4,0 g de m.g.;
14,0 g de glucides; 1,1 g de fibres alimentaires.
1 ■ + 1 ▲

Croûte amandine

Cette croûte remplace délicieusement la croûte de biscuits Graham ou la pâte brisée, se marie bien aux fruits et donne bon goût aux tartelettes.

½ tasse	amandes effilées	125 ml
¾ tasse	farine tout usage	175 ml
⅓ tasse	granulé SPLENDA®	75 ml
2 c. à soupe	margarine faible en gras saturés	25 ml
2	blancs d'œuf	2
¼ c. à thé	essence d'amande	1 ml

Dans une poêle à revêtement antiadhésif, faire griller les amandes à feu doux. Battre ensemble dans un robot les amandes, la farine, le granulé SPLENDA® et la margarine, jusqu'à ce que les amandes soient grossièrement hachées. Ajouter les blancs d'œuf et l'essence d'amande et battre jusqu'à ce que la pâte forme une boule. Étaler à l'aide d'une fourchette dans un moule de 23 cm (9 po) et piquer la pâte des dents de la fourchette. Cuire 15 minutes à 190 °C (375 °F).

Donne une croûte à tarte de 23 cm (9 po)

Une portion de croûte amandine
119 calories; 4,0 g de protéines; 6,5 g de m.g.;
11,9 g de glucides; 1,0 g de fibres alimentaires.
½ ■ + ½ ✳ + ½ ● + 1 ▲

Tarte à la lime

L'amour à la première bouchée! Nos bons amis, Dick et Mary, en sont de grands amateurs depuis leur visite en 1994. Confectionnez-la la veille.

	croûte de biscuits Graham (voir page 91)	

Garniture:

⅔ tasse	lait concentré à la SPLENDA® (voir page 146)	150 ml
½ tasse	lait écrémé en poudre	125 ml
½ tasse	granulé SPLENDA®	125 ml
½ tasse	jus de lime	125 ml
⅓ tasse	eau	75 ml
3	jaunes d'œuf	3
1 goutte	colorant alimentaire vert	1 goutte

Glaçage:

2 tasses	garniture à desserts faible en gras (voir page 17)	500 ml
	tranches de lime	

Confectionner et laisser cuire la croûte.

Garniture: Dans un robot culinaire, battre ensemble le lait concentré à la SPLENDA®, le lait en poudre, le granulé SPLENDA®, le jus de lime, l'eau, les jaunes d'œuf et le colorant alimentaire. Verser dans la croûte. Cuire à 160 °C (325 °F) pendant 30 minutes, ou jusqu'à ce que le mélange prenne. Laisser refroidir.

Glaçage: Étaler la garniture à desserts sur la tarte. Décorer d'une tranche de lime et mettre en attente, au frais.

Donne 8 pointes

Une pointe

236 calories; 8,3 g de protéines; 10,0 g de m.g.; 29,8 g de glucides; 1,3 g de fibres alimentaires.

1 ■ + 1 ½ ◆ écrémé + ½ ✱ + 2 ▲

Tarte au citron meringuée

Tout le bon goût rafraîchissant du citron.

recette simple pour fond de tarte (voir page 81)

Garniture:

1 tasse	granulé SPLENDA®	250 ml
¼ tasse	fécule de maïs	50 ml
⅛ c. à thé	sel	0,5 ml
2	jaunes d'œuf	2
2 tasses	eau chaude	500 ml
⅓ tasse	jus de citron	75 ml
1 c. à soupe	margarine faible en gras saturés	15 ml
1 goutte	colorant alimentaire jaune (facultatif)	1 goutte

Meringue:

⅓ tasse	tartinade d'abricots (voir page 17)	75 ml
3 c. à soupe	eau chaude	45 ml
1 c. à soupe	granulé SPLENDA®	15 ml
1 c. à soupe	fécule de maïs	15 ml
4	blancs d'œuf, à température ambiante	4
¼ c. à thé	crème de tartre	1 ml

Confectionner et faire cuire la croûte à tarte.

Garniture: Dans une casserole, rassembler le granulé SPLENDA®, la fécule de maïs et le sel. Incorporer les jaunes d'œuf. Ajouter petit à petit l'eau chaude et amener lentement à ébullition, et faire épaissir, en tournant, à feu doux. Retirer du feu. Incorporer le jus de citron, la margarine et au choix, le colorant alimentaire. Laisser refroidir un peu, puis verser dans la croûte.

Meringue: Dans un robot, battre ensemble la tartinade d'abricots et l'eau. Verser dans une petite casserole et ajouter le granulé SPLENDA® et la fécule de maïs. Amener à ébullition. Mettre en attente, au frais.

Dans un grand bol, monter les blancs d'œuf et la crème de tartre en neige. Ajouter la préparation en attente et monter en neige ferme. Étaler sur la garniture et bien joindre la meringue à la pâte. Cuire à 180 °C (350 °F) 10 ou 15 minutes, ou jusqu'à ce que la meringue blondisse.

Donne 6 pointes

Une portion
168 calories; 4,3 g de protéines; 6,5 g de m.g.;
22,8 g de glucides; 0,6 g de fibres alimentaires.
1 ■ + ½ ✳ + 1 ½ ▲

Tarte mousseline glacée à la menthe

Tous s'entendent pour dire que ce dessert est des plus succulents.
Garnissez la tarte, au choix, de rubans de chocolat.

croûte de biscuits Oreo (voir page 91)

Garniture:

⅔ tasse	lait concentré à la SPLENDA® (voir p 146)	150 ml
1 c. à thé	essence de menthe	5 ml
8 gouttes	colorant alimentaire vert	8 gouttes
4 tasses	garniture hypocalorique pour desserts (voir page 17)	1 litre

Croûte de biscuits: Suivre la recette.

Garniture: Dans un robot culinaire, rassembler le lait concentré à la SPLENDA®, l'essence de menthe et le colorant alimentaire. Battre ensemble. Verser dans un grand bol et incorporer la garniture à desserts. Étaler dans la croûte et placer jusqu'à 5 jours au congélateur.

Donne 8 pointes

Une pointe
212 calories; 6,3 g de protéines; 9,9 g de m.g.;
25,5 g de glucides; 1,4 g de fibres alimentaires.
½ ■ + 1 ◆ écrémé + 1 ✳ + 2 ▲

Rubans de chocolat (facultatif): Ramollir 30 g (1 oz) de chocolat mi-sucré au micro-ondes. En étendre une couche mince sur un plat ou sur une plaque à biscuits à l'aide de la lame d'un couteau. Mettre au congélateur jusqu'à ce qu'il soit assez ferme pour que la lame d'un couteau puisse en découper des filaments. Si le chocolat est trop ferme, laisser reposer à température ambiante et recommencer.

Tarte aux poires

(Illustration dans les cahier photos)

Quoi de mieux pour finir des poires déjà un peu mûres.

Recette simple pour fond de tarte (voir page 81)

Garniture:

8	poires de grosseur moyenne, mûres	8
½ tasse	granulé SPLENDA®	125 ml
¼ c. à thé	gingembre moulu	1 ml
¼ c. à thé	poudre de cannelle	1 ml
2 boîtes	(398 ml/14 oz) de poires tranchées égouttées	2 boîtes

Glace:

3 c. à soupe	tartinade d'abricots (voir p. 17)	45 ml
1 ½ c. à thé	eau	7 ml

Abaisser la pâte et se réserver tout reste de pâte pour découper des feuilles et garnir la tarte. Cuire 15 minutes à 200 °C (400 °F) et cuire les feuilles découpées sur une plaque à biscuits pendant 8 minutes.

Garniture: Peler et trancher huit poires fraîches et les passer au robot culinaire jusqu'à l'obtention d'une purée lisse. Verser dans une casserole épaisse et incorporer le granulé SPLENDA®, le gingembre et la cannelle. Amener à ébullition à feu doux et laisser mijoter à petit feu jusqu'à épaississement et jusqu'à ce que le liquide soit évaporé. Laisser refroidir. Étaler dans la croûte et garnir avec les tranches de poires.

Glace: Dans une petite terrine, rassembler la tartinade d'abricots et l'eau. Chauffer pour faire fondre. Passer au tamis et appliquer sur les poires avec un pinceau. Disposer les feuilles de pâte sur la tarte. Mettre au frais.

Donne 8 pointes

Une pointe
221 calories; 2,5 g de protéines; 5,1 g de m.g.;
44,0 g de glucides; 4,6 g de fibres alimentaires.
1 ■ + 2 ½ ▮ + 1 ▲

Poires en papillote

*Une variante populaire et succulente d'un grand classique que l'on sert tiède,
couronné au choix d'une garniture à desserts ou de crème glacée.*

4	grandes poires, épluchées et tranchées	4
1 c. à thé	jus de citron	5 ml
½ tasse	granulé SPLENDA®	125 ml
1 c. à thé	fécule de maïs	5 ml
¼ c. à thé	poudre de gingembre	1 ml
⅛ c. à thé	poudre de cannelle	0,5 ml
2	tranches de pain blanc rôties	2
¼ tasse	amandes ou noix finement hachées	50 ml
6	feuilles de pâte Filo	6
2 c. à soupe	granulé SPLENDA®	25 ml

Dans un saladier, mélanger les poires et le jus de citron. Dans une petite
casserole, rassembler le granulé SPLENDA®, la fécule de maïs, le gingembre et la
cannelle. En saupoudrer les poires. Dans un robot, émietter les rôties et ajouter
les amandes pour en faire une chapelure. Ajouter la chapelure aux poires.

Placer une feuille de pâte Filo sur une feuille de papier sulfurisé (ciré).
Arroser d'un enduit végétal au goût de beurre et poudrer de 5 ml (1 c. à thé)
de granulé SPLENDA®. Recommencer de la sorte, jusqu'à épuisement des feuilles
de pâte Filo et du granulé SPLENDA®.

Disposer la garniture au milieu de la pâte Filo. À l'aide du papier sulfurisé,
rouler la pâte Filo en bûche. La déposer doucement, les joints de pâte en dessous, sur une plaque graissée et joindre les bouts. Pratiquer des incisions hori-
zontales à intervalle régulier sur la papillote. Cuire à 180 °C (350 °F) pendant
30 à 35 minutes, ou jusqu'à ce que la papillote blondisse. Si la pâte dore trop
rapidement, la couvrir de papier d'aluminium.

Donne 8 portions

Une portion
157 calories; 3,5 g de protéines; 3,1 g de m.g.;
30,5 g de glucides; 2,5 g de fibres alimentaires.
1 ■ + 1 ½ ▮ + ½ ▲

Filo en fête

Une somptueuse tarte qui prend vite un air de fête... mais si facile à réussir!
Utilisez les pommes Golden Delicious qui agrémentent bien cette pâtisserie
et servez ce dessert chaud rehaussé de garniture à desserts.

8 tasses	pommes pelées et tranchées	2 litres
1 ¼ tasse	canneberges surgelées	300 ml
¾ tasse	granulé SPLENDA®	175 ml
¼ tasse	farine tout usage	50 ml
1 c. à thé	poudre de cannelle	5 ml
⅛ c. à thé	muscade moulue	0,5 ml
2	tranches de pain blanc, rôties	2
⅓ tasse	noix hachées finement	75 ml
8	feuilles de pâte Filo	8
½ tasse	margarine faible en gras saturés, fondue	125 ml

Dans un bol, rassembler les pommes, les canneberges, le granulé SPLENDA®, la farine, la cannelle et la muscade. Mettre en attente.

Dans un robot, émietter les rôties et ajouter les noix pour en faire une chapelure.

Placer une feuille de pâte Filo sur le plan de travail (recouvrir les autres feuilles d'une serviette humide pour les empêcher de sécher). Badigeonner de margarine fondue, saupoudrer 10 ml (2 c. à thé) de la chapelure sur une moitié de la feuille et rabattre la deuxième moitié de la feuille sur la première. Badigeonner de margarine de part et d'autre. Disposer en lanières dans un moule à fond amovible de 2,5 litres (9 po), en commençant par le milieu, et laissant saillir les extrémités de la pâte hors du moule. Saupoudrer 7 ml (1 ½ c. à thé) de chapelure sur la lanière qui tapisse le moule. Achever de tapisser le moule en vous servant des autres feuilles Filo et en veillant à les poser les unes contre les autres. Saupoudrer de chapelure. Disposer les pommes sur la pâte Filo et bien couvrir en rabattant les extrémités saillantes de la pâte sur les pommes.

Cuire au niveau le plus bas du four à 190 °C (375 °F) pendant 10 minutes, ou jusqu'à ce que la pâte blondisse, puis couvrir de papier d'aluminium, abaisser la chaleur à 180 °C (350 °F) et laisser cuire 55 minutes. Laisser reposer sur une grille avant de démouler.

Donne 12 portions

Une portion
177 calories; 2,9 g de protéines; 6,7 g de m.g.;
28,0 g de glucides; 2,7 g de fibres alimentaires.
1 ■ + 1 ■ + 1 ½ ▲

Délice aux pommes

Voilà la gourmandise que préfère mon fils aîné. Servez-vous au choix de pommes de type McIntosh ou Golden Delicious.

1 tasse	graisse végétale à saveur de beurre	250 ml
3 tasses	farine tout usage	750 ml
1 c. à thé	sel	5 ml
⅔ tasse	lait écrémé	150 ml
1	jaune d'œuf	1

Garniture:

1 tasse	granulé SPLENDA®	250 ml
1 c. à soupe	farine tout usage	15 ml
1 c. à thé	poudre de cannelle	5 ml
7 ½ tasses	pommes pelées et tranchées	1,9 litre
2 c. à soupe	margarine faible en gras saturés	25 ml

Glace:

1	blanc d'œuf	1

Dans un robot muni de son couteau à pâtisserie, battre la graisse en crème. Incorporer la farine et le sel. Rassembler le lait et le jaune d'œuf. Ajouter à la pâte et battre jusqu'à ce que la pâte forme une boule. Pétrir légèrement. Segmenter en deux boules de pâte. Sur un plan de travail fariné, abaisser chaque boule de pâte pour former deux rectangles de 38 x 25 cm (15 x 10 po). Foncer un moule de même dimension d'une première abaisse.

Garniture: Dans une petite casserole, rassembler le granulé SPLENDA®, la farine et la poudre de cannelle. En saupoudrer les pommes et bien mélanger. Disposer les pommes dans la pâte, parsemer de margarine. Couvrir de la deuxième abaisse.

Glace: Mousser le blanc d'œuf et en badigeonner l'abaisse. Cuire à 180 °C (350 °F) pendant 40 minutes, ou jusqu'à ce que la croûte blondisse. Servir chaud ou tiède.

Donne 24 portions

Une portion
165 calories; 2,2 g de protéines; 9,2 g de m.g.;
18,7 g de glucides; 1,3 g de fibres alimentaires.
1 ■ + 2 ▲ + 1 ++

Petits choux à la crème

Ils se préparent en un tournemain et vous feront rougir de plaisir.
Remplacez le beurre par de la margarine et vous amoindrirez l'apport en gras.

1 tasse	eau	250 ml
⅓ tasse	margarine faible en gras saturés	75 ml
3 c. à soupe	beurre ou margarine	45 ml
1 ½ tasse	farine tout usage	375 ml
⅛ c. à thé	sel	0,5 ml
4	gros œufs	4
2 tasses	mousseline de fraises (voir page 143)	500 ml

Napper une plaque à biscuits d'un enduit végétal; mettre en attente. Dans une casserole, rassembler 250 ml (1 tasse) d'eau, la margarine et le beurre. Amener à ébullition. Retirer du feu. Ajouter la farine et le sel en une seule fois. Incorporer les œufs petit à petit, en mélangeant énergiquement pour rendre la pâte lisse, à l'aide d'une spatule de bois.

Emplir de cette pâte une poche munie d'un embout de 1 cm (½ po) de diamètre ou découper une fente de cette taille. Dresser 16 petites boules de pâte de 5 cm (2 po) sur la tôle à pâtisserie.

Cuire à 230 °C (450 °F) pendant 15 minutes. Abaisser la chaleur à 180 °C (350 °F) et laisser cuire 10 à 15 minutes de plus, ou jusqu'à ce que les choux aient gonflé et blondi. Laisser refroidir sur une grille. Fendre les petits choux à mi-hauteur et retirer tout filament. Introduire 25 ml (2 c. à soupe) de mousseline de fraises dans chaque petit chou.

Donne 16 petits choux

Variante
Éclairs: Pour confectionner les éclairs, se servir d'une douille lisse de 2,5 cm (1 po) de diamètre, coucher sur une tôle à pâtisserie deux gros bâtonnets de pâte, longs de 10 cm (4 po). Dresser deux autres bâtonnets sur les premiers pour leur donner 2,5 cm (1 po) de haut. Enfourner et garnir tel que décrit. Napper le dessus des éclairs d'un fondant au chocolat dont la recette paraît à la page 143.

Donne 9 éclairs

Un petit chou
108 calories; 3,1 g de protéines; 5,9 g de m.g.;
10,5 g de glucides; 0,4 g de fibres alimentaires.
½ ■ + ½ ● + 1 ▲ + 1 ++

Un éclair
209 calories; 6,1 g de protéines; 11,2 g de m.g.;
21,5 g de glucides; 1,6 g de fibres alimentaires.
1 ■ + ½ ✳ + ½ ● + 2 ▲

Poudings, diplomates et délices glacés

· ·

Pouding au chocolat à la vapeur

Pouding au café et aux bananes

Pouding au pain

Diplomate aux deux fruits

Galantine de melon

Clafoutis aux petits fruits

Parfait aux fruits tropicaux

Yogourt glacé aux fraises

Sorbet aux deux fruits

Crème glacée à la vanille

Mousseline au chocolat

Mousseline aux deux fruits

Glaçons aux trois fruits

Glaçons crème au chocolat

Pouding au chocolat à la vapeur

Satisfaction garantie car ce pouding au chocolat est tout simplement délicieux nappé de sa crème pâtissière parfumée au rhum dont la recette paraît à la page 147.

½ tasse	raisins secs	125 ml
1 c. à thé	essence de rhum	5 ml
⅓ tasse	beurre ou margarine ramolli	75 ml
1	œuf	1
1 tasse	granulé SPLENDA®	250 ml
2 tasses	farine tout usage	500 ml
½ tasse	poudre de cacao	125 ml
2 c. à soupe	poudre à pâte	25 ml
1 ¼ tasse	lait écrémé	300 ml
2 tasses	crème pâtissière parfumée au rhum, (voir page 147)	500 ml

Découper les raisins en deux et les déposer dans un petit bol couvert allant au micro-ondes. Couvrir d'eau et recouvrir le bol. Passer 2 minutes au micro-ondes à température élevée. Égoutter et ajouter l'essence de rhum.

Dans une terrine, battre en crème le beurre, le granulé SPLENDA® et l'œuf. Mettre en attente. Dans un saladier, tamiser la farine, la poudre de cacao et la poudre à pâte. Incorporer doucement à la préparation en attente en même temps que le lait. Ajouter les raisins secs.

Déposer dans un moule graissé de 2 litres (8 tasses). Couvrir de préférence en formant un dôme. Cuire dans un bain-marie, couvert, à petit feu, pendant environ 2 heures, ou jusqu'à ce qu'un bâtonnet, inséré au centre, en ressorte propre. Ajouter de l'eau au bain-marie au besoin.

Laisser reposer 10 minutes. Détacher des parois à l'aide de la lame d'un couteau, couvrir d'un plat et retourner pour démouler. Servir sans tarder, nappé d'une crème pâtissière parfumée au rhum.

Donne 12 portions

Remarque: Toute portion inutilisée peut être conservée au frigo. Couvrez-la d'une pellicule plastique et d'un papier d'aluminium. Pour la faire réchauffer, retirer la pellicule plastique, mais couvrez-la d'un papier d'aluminium. Cuire à 180 °C (350 °F) de 35 à 40 minutes, ou jusqu'à ce que le pouding soit chaud.

Une portion
208 calories; 5,9 g de protéines; 7,3 g de m.g.;
31,4 g de glucides; 2,2 g de fibres alimentaires.
1 ■ + ½ ▮ + ½ ◆ écrémé + ½ ✳ + 1 ½ ▲

Pouding au café et aux bananes

Ce succulent dessert se fait en deux temps, trois mouvements.

1 c. à thé	granules de café soluble	5 ml
2 c. à thé	eau chaude	10 ml
1 ½ tasse	lait écrémé	375 ml
½ tasse	crème à 10 %	125 ml
½ tasse	granulé SPLENDA®	125 ml
1 paquet	30 g de pouding léger à la vanille (voir page 17)	1 paquet
1 tasse	garniture à desserts faible en gras (voir page 17)	250 ml
2	bananes de grosseur moyenne, tranchées	2
2 c. à soupe	jus de citron	25 ml
3 c. à soupe	noix finement hachées	45 ml

Dans une grande casserole, dissoudre le café dans l'eau chaude. Ajouter le lait, la crème et le granulé SPLENDA®. Incorporer la préparation pour pouding et fouetter à petite vitesse jusqu'à épaississement. Incorporer la garniture à desserts.

Arroser les rondelles de banane de jus de citron. Égoutter. Incorporer les rondelles de banane et 25 ml (2 c. à soupe) de noix au mélange. Verser dans quatre coupes individuelles. Garnir de noix. Servir sans tarder ou mettre au frais pendant 2 heures.

Donne 4 portions

Une portion
217 calories; 6,3 g de protéines; 8,2 g de m.g.;
32,0 g de glucides; 1,2 g de fibres alimentaires.
1 ½ ▉ + 1 ◆ écrémé + 1 ✳ + 1 ½ ▲

Pouding au pain

J'ai adapté à ma façon une recette faible en matières grasses de ma belle-mère. On peut se servir, au choix, de pain de blé entier. Elle est délicieuse nappée de sa crème parfumée au rhum dont la recette paraît à la page 147.

8	tranches de pain de 1 cm (½ po) d'épaisseur	8
7 c. à thé	margarine faible en gras saturés	35 ml
½ tasse	tartinade d'abricots (voir page 17)	125 ml
⅓ tasse	raisins secs	75 ml
⅓ tasse	abricots secs hachés	75 ml
4	blancs d'œuf	4
1	œuf	1
2 ½ tasses	lait écrémé	625 ml
¼ tasse	granulé SPLENDA®	50 ml
1 c. à thé	essence de vanille	5 ml
⅛ c. à thé	sel	0,5 ml

Tartiner le pain de margarine, puis de crème à tartiner d'abricots. Trancher en lamelles. Étaler et bien tasser dans un moule en verre de 2 litres (8 po de côté). Disposer les abricots et les raisins secs sur le pain.

Dans une terrine, fouetter ensemble les blancs d'œuf, l'œuf, le lait écrémé, le granulé SPLENDA®, la vanille et le sel. Verser sur la préparation en attente. Couvrir et laisser reposer toute une nuit.

Cuire couvert à 150 °C (300 °F) pendant 45 minutes, puis découvert à 180 °C (350 °F) pendant 20 minutes, ou jusqu'à ce que le pouding gonfle et prenne une teinte dorée. Servir tiède.

Donne 8 portions

Une portion
155 calories; 7,1 g de protéines; 3,0 g de m.g.;
25,0 g de glucides; 1,0 g de fibres alimentaires.
1 ■ + 1 ▮ + ½ ● + ½ ▲

Diplomate aux deux fruits

Ce grand classique adopte un air nouveau. Il vaut mieux le préparer le jour même.

1 ¼ tasse	farine tout usage	300 ml
1 ½ c. à thé	poudre à pâte	7 ml
2	œufs	2
1 tasse	granulé SPLENDA®	250 ml
1 ½ c. à thé	essence de vanille	7 ml
½ tasse	lait écrémé	125 ml
1 c. à soupe	beurre ou margarine	15 ml
⅓ tasse	crème à tartiner aux framboises (voir page 17)	75 ml
¼ tasse	jus d'orange	50 ml

Crème pâtissière:

¼ tasse	granulé SPLENDA®	50 ml
3 c. à soupe	préparation pour crème anglaise	45 ml
2 tasses	lait écrémé	500 ml
1 ½ c. à thé	essence de vanille	7 ml
2	grosses bananes, tranchées	2
2 c. à soupe	jus de citron	25 ml

Pour garnir:

2 tasses	garniture hypocalorique pour desserts	500 ml
⅔ tasse	framboises fraîches	150 ml

Dans un petit bol, rassembler la farine, la poudre à pâte et le sel. Mettre en attente. Dans un grand bol, fouetter les œufs à grande vitesse. Incorporer le granulé SPLENDA® et la vanille.

Dans une petite casserole, faire fondre le beurre dans le lait à feu doux. Incorporer en deux temps aux œufs et aux ingrédients secs mis en attente. Bien mélanger. Étaler dans un moule à gâteau graissé de 2 litres (8 po de côté). Cuire à 180 °C (350 °F) de 20 à 25 minutes, ou jusqu'à ce qu'un bâtonnet, inséré au centre, en ressorte propre. Laisser reposer sur une grille.

Crème pâtissière: Dans une casserole, combiner le granulé SPLENDA® et la préparation pour crème anglaise. Ajouter petit à petit le lait et amener à ébullition à feu doux, en tournant constamment. Incorporer la vanille.

Assemblage: Découper horizontalement le gâteau en deux parties égales. Masquer une des deux parties de la crème à tartiner aux framboises additionnée de 25 ml (2 c. à soupe) de jus d'orange. Superposer la deuxième partie et découper le gâteau en morceaux de 2,5 cm (1 po) de côté.

Se servir de la moitié des morceaux de gâteau pour tapisser le creux d'un grand saladier de 2 litres (8 tasses). Arroser de 15 ml (1 c. à soupe) de jus d'orange. Disposer la moitié des tranches de banane plongées au préalable dans du jus de citron sur le gâteau. Verser la moitié de la crème pâtissière et recommencer avec la deuxième moitié des ingrédients. Couvrir d'une pellicule plastique et mettre au frais. Servir frais, rehaussé de framboises et de garniture à desserts faible en gras.

Donne 10 portions

Une portion
188 calories; 6,0 g de protéines; 3,8 g de m.g.;
32,4 g de glucides; 1,4 g de fibres alimentaires.
1 ■ + 1 ▮ + ½ ✳ + ½ ● + ½ ▲

Galantine de melon

*Ce dessert adopte un ton pastel et son vert se marie bien au ton rosé
de la mousseline de fraises de la page 143. Garnissez-la
de tranches de kiwi et vous aurez un dessert élégant.*

2 tasses	melon-miel, en cubes	500 ml
1 boîte	(398 ml/14 oz) de compote de pommes sans sucre	1 boîte
2 enveloppes	gélatine non aromatisée	2 enveloppes
¾ tasse	granulé SPLENDA®	175 ml
1 tasse	yogourt nature écrémé	250 ml
2 gouttes	colorant alimentaire vert (facultatif)	2 gouttes

Passer le melon et la compote de pommes au robot. Dans une petite terrine, ramollir la gélatine dans 45 ml (3 c. à soupe) de cette purée de fruits. Dans une casserole, amener la purée à ébullition à feu doux, incorporer la gélatine et le granulé SPLENDA®, et laisser mijoter jusqu'à ce que la gélatine soit dissoute. Étaler dans un plat creux et laisser refroidir au réfrigérateur.

Lorsque la préparation est tiède au toucher, incorporer le yogourt et le colorant alimentaire. Disposer dans des coupes. Mettre au frais au moins 3 heures.

Donne 6 portions

Une portion
90 calories; 4,4 g de protéines; 0,1 g de m.g.;
18,9 g de glucides; 1,5 g de fibres alimentaires.
1 ½ ■ + ½ ◆ écrémé

Clafoutis aux petits fruits

(Illustration dans les cahiers photos)

*C'est le dessert préféré de mon fils Jonathan. Servi chaud,
on lui ajoute une garniture de gâteau fouettée ou une généreuse boule
de crème glacée à la vanille (voir page 113).*

1 paquet	(600 g/20 oz) de fraises, pêches et bleuets non sucrés, surgelés	1 paquet
⅔ tasse	granulé SPLENDA®	150 ml
2 c. à soupe	fécule de maïs	25 ml
2 c. à soupe	jus de citron	25 ml

Garniture:

1 ½ tasse	farine tout usage	375 ml
½ tasse	granulé SPLENDA®	125 ml
2 c. à thé	poudre à pâte	10 ml
¼ c. à thé	sel	1 ml
3 c. à soupe	beurre ou margarine	45 ml
1	œuf	1
½ tasse	lait écrémé	125 ml

Dans une casserole, rassembler les fruits, le granulé SPLENDA®, la poudre à pâte et le jus de citron. Épaissir à feu doux, en tournant souvent. Étaler dans un moule de 2 litres (8 po de côté).

Garniture: Dans un saladier, rassembler et mélanger la farine, le granulé SPLENDA®, la poudre à pâte et le sel. Ajouter le beurre en travaillant la pâte avec les doigts.

Dans une terrine, battre l'œuf à la fourchette et lui ajouter le lait. Incorporer aux ingrédients secs en travaillant bien le mélange à la fourchette. À la cuiller, disposer la pâte sur le mélange de fruits. Cuire à 190 °C (375 °F) pendant 25 minutes, ou jusqu'à ce que le clafoutis blondisse légèrement.

Donne 8 portions

Variante

Utiliser un mélange de rhubarbe et de fraises. Puisque le mélange de rhubarbe et de fraises est plus acidulé, remplacer le jus de citron par de l'eau et utiliser 175 ml (¾ tasse) de granulé SPLENDA®.

Une portion
194 calories; 4,2 g de protéines; 5,4 g de m.g.;
32,7 g de glucides; 2,3 g de fibres alimentaires.
1 ½ ■ + 1 ∎ + 1 ▲

Parfait aux fruits tropicaux

Léger et rafraîchissant, un bel après-midi d'été...

1 c. à thé	gélatine non aromatisée	5 ml
1 c. à thé	eau froide	5 ml
1 c. à soupe	eau bouillante	15 ml
1	banane mûre	1
1	mangue mûre	1
1 tasse	yogourt nature écrémé	250 ml
½ tasse	granulé SPLENDA®	125 ml
½ c. à thé	essence de noix de coco	2 ml

Dans une petite terrine, laisser ramollir la gélatine dans l'eau froide, puis dissoudre dans l'eau bouillante. Mettre en attente.

Peler et découper la mangue et la banane. Passer ensemble au robot la mangue, la banane, le granulé SPLENDA®, l'essence de noix de coco et la gélatine pour obtenir un mélange homogène.

Garnir des coupes de 250 ml (1 tasse) de fruits frais tranchés (banane, raisins, kiwi, ananas, mangue, papaye). Verser le parfait aux fruits tropicaux. Mettre au frais.

Donne 625 ml (2 ½ tasses), ou 5 coupes

Une portion sans fruits frais
86 calories; 3,5 g de protéines; 0,3 g de m.g.;
18,5 g de glucides; 1,2 g de fibres alimentaires.
1 ½ ∎ + ½ ◆ écrémé

Yogourt glacé aux fraises

1 paquet	(600 g/20 oz) fraises surgelées sans sucre	1 paquet
¾ tasse	granulé SPLENDA®	175 ml
2 tasses	yogourt nature écrémé	500 ml

S'il y a des cristaux de glace sur les fraises, les passer à l'eau froide et les égoutter. Dans un robot culinaire muni de son couteau, battre très lentement et grossièrement les fraises pour obtenir une râpe de fraises. Ajouter le granulé SPLENDA® et petit à petit, le yogourt. Battre jusqu'à ce que la consistance vous paraisse bonne. Servir sans tarder. Tenir le yogourt glacé inutilisé au congélateur, dans un récipient clos.

Donne 10 portions de 125 ml (½ tasse) chacune

Une portion
52 calories; 2,7 g de protéines; 0,1 g de m.g.;
10,5 g de glucides; 0,9 g de fibres alimentaires.
½ ▌ + ½ ◆ écrémé

Sorbet aux deux fruits

Ce sorbet est essentiellement exempt de gras et sa confection ne nécessite pas de sorbetière. Il a à coup sûr bonne texture au sortir du congélateur et sa saveur en fait un vrai délice. C'est d'ailleurs mon préféré!

3 tasses	fraises surgelées, sans sucre	750 ml
1 tasse	jus d'orange	250 ml
½	boîte de concentré de jus d'orange	½
⅔ tasse	granulé SPLENDA®	150 ml
2 c. à soupe	jus de citron	25 ml

Dans un robot, battre ensemble les fraises, le jus et le concentré d'orange, le granulé SPLENDA® et le jus de citron jusqu'à l'obtention d'un mélange homogène. Verser dans des pots en plastique. Couvrir et mettre au congélateur.
Donne 925 ml (3 ¾ tasses), ou 5 portions de 175 ml (¾ tasse).

Variantes
Fraises et ananas: Remplacer le concentré et le jus d'orange par un concentré et un jus d'ananas.
Pêches et orange: Remplacer les fraises par des pêches surgelées sans sucre.
Punch: Battre ensemble dans un robot 250 ml (1 tasse) de sorbet aux deux fruits et 250 ml (1 tasse) d'eau gazéifiée froide. Servir sans tarder.
Donne 1 portion

Une portion de sorbet aux deux fruits
133 calories; 1,7 g de protéines; 0,2 g de m.g.;
32,7 g de glucides; 1,9 g de fibres alimentaires.
3 ∎

Crème glacée à la vanille

Pour la rendre plus richement onctueuse, adoptez les solutions de rechange proposées. Mon mari préfère sa crème glacée au chocolat... en version enrichie! D'après lui, c'est une crème glacée qui demeure inégalée. Une sorbetière peu coûteuse, 2 litres (8 tasses) de capacité, fournit les meilleurs résultats. Les valeurs d'échanges de l'Association du diabète varieront en fonction de la recette utilisée.

1 boîte	(385 ml/13 ½ oz) de lait condensé écrémé ou de lait condensé à 2 %	1 boîte
2 c. à thé	vinaigre	10 ml
1 ½ tasse	crème à 10 %	375 ml
2	recettes de lait de concentré à la SPLENDA®, page 146 (utiliser seulement 50 ml [¼ tasse] de margarine faible en gras saturés)	2
1 tasse	lait écrémé ou crème à 35 %	250 ml
1 c. à soupe	essence de vanille	15 ml

Dans un grand bol, fouetter ensemble le lait condensé et le vinaigre; incorporer la crème. Ajouter le lait concentré à la SPLENDA®, le lait écrémé et la vanille. Verser dans une sorbetière et suivre le mode d'emploi du fabricant.

Ou mettre au congélateur, dans un grand récipient en plastique, en veillant à laisser un vide de 1 cm (½ po) entre la crème et l'orifice. Après quelques heures au congélateur et lorsque la crème sera légèrement prise, battre 5 minutes à vitesse moyenne. Ajouter alors les fruits de votre choix. Remettre au congélateur et remuer périodiquement.

Donne 15 portions de 125 ml (½ tasse)

Variantes

Crème glacée au café: Faire dissoudre 25 ml (2 c. à soupe) de granules de café soluble dans 25 ml (2 c. à soupe) d'eau chaude.
Donne 15 portions

Crème glacée à la banane: Ajouter 750 ml (3 tasses) de banane écrasée.
Donne 21 portions

Crème glacée aux fraises: Ajouter 750 ml (3 tasses) de fraises réduites en purée avec un peu de lait.
Donne 20 portions

Crème glacée au chocolat: Incorporer le fondant au chocolat (voir page 143). Préparer le lait concentré à la SPLENDA® avec 375 ml (1 ½ tasse) de granulé SPLENDA®. Incorporer 30 g (1 oz) de chocolat amer, grossièrement haché.
Donne 18 portions

Crème glacée au caramel et aux pacanes: Ajouter 150 ml (⅔ tasse) de pacanes hachées. Confectionner et incorporer 1 recette de pouding léger au caramel écossais (voir page 17).

Donne 19 portions

Crème glacée et ses cristaux de menthe: Incorporer 15 ml (1 c. à soupe) d'essence de menthe, 10 gouttes de colorant alimentaire vert et 30 g (1 oz) de chocolat amer grossièrement râpé.

Donne 16 portions

Crème glacée à l'érable et aux noix: Incorporer 5 ml (1 c. à thé) d'essence de vanille, 25 ml (2 c. à soupe) d'essence d'érable et 125 ml (½ tasse) de noix hachées.

Donne 16 portions

Crème glacée hawaiienne: Se servir d'une recette de lait concentré à la SPLENDA®. Ajouter 1 boîte de 400 ml (13 ½ oz) de lait de noix de coco, 1 boîte de 398 ml (14 oz) d'ananas broyés sans sucre et égouttés et 15 ml (1 c. à soupe) d'essence de noix de coco.

Donne 24 portions

Crème glacée aux deux fruits: Ajouter 2 boîtes de 398 ml (14 oz) de pêches égouttées, les réduire en purée et ajouter 150 ml (⅔ tasse) de concentré de jus d'orange.

Donne 24 portions

Crème glacée au chocolat, au rhum et aux raisins: Placer 125 ml (½ tasse) de raisins secs découpés en morceaux dans un bol couvert. Couvrir d'eau et passer au micro-ondes à température élevée pendant 2 minutes. Égoutter. Incorporer 15 ml (1 c. à soupe) d'essence de rhum.

Confectionner 1 paquet de pouding léger au chocolat (voir page 17) et à l'aide d'un fouet, incorporer les raisins. (Ne pas omettre l'essence de vanille.)

Donne 19 portions

Crème glacée aux abricots: Ajouter 750 ml (3 tasses) d'abricots pelés, découpés en morceaux et mis en purée à l'aide de lait écrémé.

Donne 20 portions

Une portion de crème glacée à la vanille
135 calories; 7,4 g de protéines; 4,8 g de m.g.;
15,3 g de glucides; 0 g de fibres alimentaires.
1 ◆ écrémé + 1 ✳ + ½ ● + 1 ▲

Mousseline au chocolat

Somptueuse... elle rappelle la riche saveur de la crème glacée. Bon appétit...

5	bananes grosseur moyenne, tranchées	5
1 oz	chocolat amer	30 g
½ tasse	lait concentré à la SPLENDA® (voir page 146)	125 ml

Mettre les bananes au congélateur toute une nuit.

Au bain-marie, faire fondre le chocolat à feu doux. Ajouter le lait concentré et remuer jusqu'à l'obtention d'un mélange lisse. Retirer du feu.

Si les bananes sont couvertes de cristaux de glace, les passer d'abord à l'eau froide et les égoutter. Dans un robot culinaire muni de son couteau, battre les bananes doucement, en repoussant souvent les morceaux de banane des parois vers le couteau. Battre toujours plus vigoureusement. Incorporer le mélange au chocolat en attente et battre jusqu'à l'obtention d'un mélange homogène. Servir immédiatement ou tenir au congélateur. Au choix, servir dans des coupes ou dans des verres à vin.

Donne 1 litre (4 tasses); 75 ml (⅓ tasse) par portion

Variante

Mousseline et ses copeaux de chocolat: Dans un bain-marie, faire fondre ensemble 30 g (1 oz) de chocolat mi-sucré et 30 g (1 oz) de chocolat amer. Mélanger et laisser couler sur les bananes. Découper le chocolat solidifié en petits morceaux. Passer au robot. Ajouter 25 ml (2 c. à soupe) de poudre de cacao au lait concentré au lieu des 30 g (1 oz) de chocolat amer de la recette.

Une portion
89 calories; 2,3 g de protéines; 2,9 g de m.g.;
15,6 g de glucides; 1,2 g de fibres alimentaires.
1 ∎ + ½ ✳ + ½ ▲

Une portion de mousseline et ses copeaux de chocolat
104 calories; 2,6 g de protéines; 4,1 g de m.g.;
17,2 g de glucides; 1,7 g de fibres alimentaires.
1 ∎ + ½ ✳ + 1 ▲

Mousseline aux deux fruits

Une saveur exceptionnelle qui rappelle celle du sorbet. Un gros merci à mon mari, Ian, qui m'a suggéré d'utiliser du jus d'orange fait de concentré.

2 ½ tasses	bananes tranchées	625 ml
1 tasse	granulé SPLENDA®	250 ml
½ boîte	(341 ml/12 oz) concentré de jus d'orange	½ boîte
1 ¼ tasse	yogourt nature froid	300 ml

Mettre les bananes au congélateur toute une nuit. Dans un robot muni de son couteau, découper les tranches de bananes en petits morceaux. Incorporer le granulé SPLENDA®, le concentré de jus d'orange et petit à petit, le yogourt. Battre pour obtenir un mélange homogène. Servir.

Conserver toute portion inutilisée au congélateur. La mousseline aura alors la consistance d'une crème glacée dure.

Donne 1 litre (4 tasses); 125 ml (½ tasse) par portion

Variante
Multipliez les saveurs en remplaçant un concentré de fruits par un autre.

Une portion
116 calories; 2,8 g de protéines; 1,3 g de m.g.;
24,6 g de glucides; 1,0 g de fibres alimentaires.
2 ∎ + ½ ◆ 2%

Glaçons aux trois fruits

Rafraîchissants lorsque l'été bat son plein, Ian en raffole!

1 enveloppe	gélatine non aromatisée	1 enveloppe
¼ tasse	eau froide	50 ml
1 boîte	(398 ml/14 oz) pêches tranchées dans leur jus	1 boîte
¾ tasse	concentré de jus d'orange, dégelé	175 ml
1 tasse	granulé SPLENDA®	250 ml
1	banane tranchée	1

Dans une petite casserole, verser l'eau froide et saupoudrer la gélatine; dissoudre à feu doux. Verser dans un robot mélangeur. Ajouter les pêches, le concentré de jus d'orange, le granulé SPLENDA® et les tranches de banane. Bien mélanger pour obtenir une préparation homogène. Remplir les moules à glaçons et mettre au congélateur.

Donne 14 glaçons

Un glaçon
53 calories; 1,1 g de protéines; 0,1 g de m.g.;
12,9 g de glucides; 0,6 g de fibres alimentaires.
1 ∎ + 1 ++

Glaçons crème au chocolat

Un délice estival tout bonnement irrésistible.

4 tasses	garniture hypocalorique pour desserts	1 litre
1 paquet	(40 g) préparation pour pouding au chocolat léger	1 paquet
1 tasse	lait écrémé	250 ml
½ tasse	banane écrasée	125 ml
⅓ tasse	granulé SPLENDA®	75 ml
3 c. à soupe	cacao	45 ml

Dans un grand bol, rassembler la garniture, la préparation pour pouding, le lait, la purée de banane, le granulé SPLENDA® et le cacao. Battre jusqu'à l'obtention d'un mélange homogène. Verser dans des moules à glaçons et mettre au congélateur.

Donne 11 glaçons

Un glaçon crème
71 calories; 2,4 g de protéines; 2,7 g de m.g.;
10,8 g de glucides; 0,7 g de fibres alimentaires.
½ ▋ + ½ ✳ + 1 ▲

Biscuits, fondants et grignotines

Oh Chocolat!

(Illustration dans les cahiers photos)

*Cette chocolatine plaît tellement à mon mari qu'il a insisté
pour que je la partage avec vous. Riche en saveur,
elle est pauvre en matières grasses.*

4 oz	fromage à la crème léger à tartiner (voir page 16)	125 g
5 oz	chocolat amer	150 g
1 c. à soupe	beurre	15 ml
1 paquet	pouding instantané au chocolat (voir page 17)	1 paquet
1 ½ tasse	granulé SPLENDA®	375 ml
3 c. à soupe	fructose en poudre (ou au goût) (voir page 16)	45 ml

Dans un robot culinaire muni de son couteau, battre le fromage en crème pendant plus ou moins 2 minutes. Dans une petite casserole, faire fondre le chocolat et le beurre à petit feu. Verser le chocolat dans le robot, ajouter le pouding, le granulé SPLENDA® et le fructose. Battre jusqu'à l'obtention d'un mélange homogène.

Arroser d'un enduit à cuisson 2 ou 3 petits moules ou un grand moule de 3 litres (9 x 13 po) au choix, selon que l'on préfère plus ou moins de chocolat. Répartir la préparation dans les moules et couvrir d'une pellicule plastique. Faire prendre au congélateur, puis découper en 77 petits carrés par moule. Avant de servir, laisser reposer 5 minutes à température ambiante.

Donne 231 carrés

Variantes

Truffez-les de raisins, de noix de coco, de morceaux d'arachides, d'amandes ou de noix. Et pour rendre le chocolat encore plus onctueux, servez-vous de lait écrémé à 2 % pour préparer le pouding et de fromage à la crème entier.

4 carrés
28 calories; 0,8 g de protéines; 2,0 g de m.g.;
2,4 g de glucides; 0,4 g de fibres alimentaires.
½ ▲ + 1 ++

Truffes

(Illustration dans les cahiers photos)

Quoi de plus succulent! Irrésistibles au goût, mon mari en fait son caprice.
On peut, au choix, remplacer la chapelure de biscuits Graham par des céréales
Grape-Nuts, finement moulues ou par de la poudre de lait écrémé
(pour en faire des gourmandises exemptes de gluten). Puis laissez courir votre
imagination et enrobez ces gourmandises de cacao plutôt que de noix de coco.

⅔ tasse	fromage à la crème faible en m.g. (voir page 16)	150 ml
⅓ tasse	chapelure de biscuits Graham	75 ml
⅓ tasse	dattes, hachées et dénoyautées	75 ml
⅓ tasse	raisins secs noirs épépinés	75 ml
3 c. à soupe	granulé SPLENDA®	45 ml
½ c. à thé	essence de rhum	2 ml

Glaçage au chocolat:

¼ tasse	crème à tartiner aux fruits (voir page 17)	50 ml
2 c. à soupe	poudre de cacao	25 ml

Glaçage à la noix de coco:

⅔ tasse	noix de coco râpée, sans sucre	150 ml
¼ tasse	granulé SPLENDA®	50 ml

Dans un robot culinaire muni de son couteau, battre le fromage, la chapelure Graham, les dattes, les raisins secs, le granulé SPLENDA® et l'essence de rhum jusqu'à ce que les fruits soient finement morcelés.

Glaçage au chocolat: Dans un petit bol, rassembler la tartinade et le cacao.

Glaçage à la noix de coco: Dans une assiette, rassembler la noix de coco et le granulé SPLENDA®.

Façonner de petites boules d'environ 2,5 cm (1 po) et les rouler pour bien les napper dans le chocolat, puis dans la noix de coco. Disposer sur une assiette. Tenir au frais.

Donne 20 truffes

Une truffe
69 calories; 1,2 g de protéines; 4,0 g de m.g.;
8,0 g de glucides; 0,7 g de fibres alimentaires.
½ ∎ + 1 ▲ + 1 ++

Régals au fudge

Des délices pour mes garçons, ils leur ont donné ce nom!

6 oz	chocolat amer	170 g
6 c. à soupe	beurre ou margarine fondue	90 ml
¼ tasse	lait condensé	50 ml
2 tasses	granulé SPLENDA®	500 ml
1 tasse	lait écrémé en poudre	250 ml
6 c. à soupe	fructose en poudre (voir page 16)	90 ml
½ c. à thé	essence de vanille	2 ml
⅓ tasse	copeaux de noix	75 ml

Faire fondre le chocolat dans une casserole épaisse, ou dans un bain-marie. Rassembler le beurre, le lait condensé, le granulé SPLENDA®, le lait en poudre, le fructose et la vanille dans un robot et battre jusqu'à l'obtention d'un mélange homogène. Incorporer le chocolat et les noix.

Répartir uniformément dans un moule de 2 litres (8 po de côté) tapissé d'un papier sulfurisé (ciré). Placer au congélateur pendant 30 minutes, puis couvrir et réfrigérer la préparation. Découper en 100 petits morceaux.

Donne 100 morceaux

2 morceaux
50 calories; 1,0 g de protéines; 3,8 g de m.g.;
4,4 g de glucides; 0,6 g de fibres alimentaires.
½ ✳ + ½ ▲

Joyaux aux abricots

Ils rehaussent tout plateau et sont tout bonnement savoureux.

1 tasse	abricots secs	250 ml
⅓ tasse	granulé SPLENDA®	75 ml
1 c. à soupe	zeste d'orange finement râpé	15 ml
1 c. à soupe	jus d'orange	15 ml
¾ tasse	noix de coco râpée, sans sucre	175 ml
3 c. à soupe	granulé SPLENDA®	45 ml
2 c. à soupe	flocons de noix de coco sans sucre	25 ml
1 ½ c. à thé	granulé SPLENDA®	7 ml

Dans un robot muni de son couteau, morceler les abricots. Ajouter 75 ml (⅓ tasse) du granulé SPLENDA® , le zeste et le jus d'orange, battre à nouveau et mettre en attente.

Dans un petit bol, rassembler 175 ml (¾ tasse) de noix de coco et 45 ml (3 c. à soupe) du granulé SPLENDA®. Incorporer au mélange mis en attente.

Rassembler 25 ml (2 c. à soupe) de noix de coco et 7 ml (1 ½ c. à thé) du granulé SPLENDA® dans une assiette.

Façonner des petites boules, les rouler dans la noix de coco et mettre au frais, sans couvrir les boules, pendant au moins 3 heures, ou jusqu'à ce qu'elles soient fermes.

Donne 22 boules

Une boule
41 calories; 0,5 g de protéines; 2,3 g de m.g.;
5,3 g de glucides; 0,7 g de fibres alimentaires.
½ ∎ + ½ ▲

Canneberges en surprise

On donne à ces délicieuses canneberges adoucies et séchées le sobriquet de raisins du millénaire. Faites-en le plaisir d'un casse-croûte ou servez-vous-en pour confectionner d'autres desserts. Rappelez-vous que celles que vous achetez en magasin sont lourdes en sucre.

1 paquet	(340 g/12 oz) canneberges non sucrées, légèrement dégelées	1 paquet

Sirop:

1 ¾ tasse	granulé SPLENDA®	425 ml
1 tasse	concentré de jus de pomme non sucré, surgelé	250 ml
¼ tasse	fructose en poudre (voir page 16)	50 ml
1 c. à soupe	fécule de maïs	15 ml
⅛ c. à thé	sel	0,5 ml
1 c. à soupe	beurre ou margarine	15 ml
1 c. à thé	essence de vanille	5 ml

Découper les canneberges en moitiés, les étaler dans un grand bol et les mettre en attente.

Sirop: Dans une petite casserole, rassembler le granulé SPLENDA®, le jus de pomme, le fructose, la fécule de maïs, le sel et le beurre. Amener à ébullition en remuant. Retirer du feu et incorporer la vanille. En napper les canneberges. Couvrir et mettre au frais pendant 48 heures. Égoutter.

Napper une plaque à biscuits d'un enduit à cuisson. Répartir les canneberges. Cuire 4 ½ heures à 100 °C (200 °F) en les tournant une fois. La cuisson terminée, laisser refroidir les canneberges dans le four.

Laisser reposer les canneberges au goût, environ une journée, sans les couvrir, dans un endroit sec. (Les plus petits fruits sécheront plus rapidement. D'aspect sec et rugueux, ils n'en seront pas moins tendres et moelleux.) À conserver dans un sac en plastique ou dans un pot à température ambiante. Garder jusqu'à 2 mois au congélateur ou au frais.

Donne 425 ml (1 ¾ tasse); 25 ml (2 c. à soupe) par portion

Une portion
35 calories; 0,1 g de protéines; 0,3 g de m.g.;
8,2 g de glucides; 1,0 g de fibres alimentaires.
½ ∎ + 1 ++

Rochers sans cuisson

Si faciles à confectionner qu'on peut en faire... un jeu d'enfants! Ils plaisent aux jeunes et les plus de 12 ans peuvent facilement mettre la main à la pâte...

3 tasses	flocons d'avoine à cuisson rapide	750 ml
½ tasse	amandes ou noix effilées	125 ml
½ tasse	de noix de coco râpée, sans sucre	125 ml
⅓ tasse	poudre de cacao	75 ml
⅛ c. à thé	sel	0,5 ml
2 ¼ tasses	granulé SPLENDA®	550 ml
½ tasse	lait écrémé	125 ml
½ tasse	beurre ou margarine	125 ml
1 c. à thé	essence de vanille	5 ml

Dans un grand bol, rassembler les flocons d'avoine, les amandes, la noix de coco, le cacao et le sel. Mettre en attente.

Dans une casserole, rassembler le granulé SPLENDA®, le lait et le beurre. Amener à ébullition à feu doux, en remuant. Retirer du feu et incorporer la vanille. Verser sur les ingrédients secs en attente. Bien mélanger.

Couvrir une plaque à biscuits de papier sulfurisé (ciré). Déposer la préparation à la petite cuiller (5 ml) sur cette plaque. Mettre au frais environ 10 minutes, ou jusqu'à ce qu'ils soient fermes au toucher.

Donne 48 biscuits

2 biscuits
116 calories; 2,8 g de protéines; 7,4 g de m.g.;
10,8 g de glucides; 1,6 g de fibres alimentaires.
½ ■ + ½ ✳ + 1 ½ ▲

Rochers à l'avoine et aux brisures de chocolat

Ces croquembouches sont tout simplement délicieux.

1	œuf	1
¾ tasse	granulé SPLENDA®	175 ml
½ tasse	beurre ou margarine ramolli	125 ml
1 tasse	flocons d'avoine à cuisson rapide	250 ml
⅔ tasse	farine tout usage	150 ml
1 c. à thé	poudre de cannelle	5 ml
½ c. à thé	bicarbonate de soude	2 ml
⅔ tasse	brisures de chocolat	150 ml

Dans un bol, battre en crème le beurre et le granulé SPLENDA®.

Dans un autre bol, rassembler les flocons d'avoine, la farine, la poudre de cannelle et le bicarbonate. Incorporer au beurre en attente. Ajouter les brisures de chocolat et mélanger. Répartir à la cuiller (15 ml) sur une plaque à biscuits graissée. Cuire à 180 °C (350 °F) environ 12 minutes.

Donne 25 biscuits

Variantes

Remplacer les brisures de chocolat par des raisins ou marier tout bonnement raisins et noix.

Un biscuit
86 calories; 1,3 g de protéines; 5,8 g de m.g.;
8,1 g de glucides; 0,8 g de fibres alimentaires.
½ ■ + 1 ▲

Rochers de Séville

Riches en fruits et en noix, ils sont délectables et si bons pour la santé!

¾ tasse	beurre ou margarine ramolli	175 ml
2	œufs	2
1 ½ tasse	granulé SPLENDA®	375 ml
½ tasse	lait écrémé	125 ml
1 c. à thé	essence de vanille	5 ml
2 tasses	farine tout usage	500 ml
1 c. à thé	bicarbonate de soude	5 ml
½ c. à thé	sel	2 ml
2 ½ tasses	flocons d'avoine à cuisson rapide	625 ml
⅔ tasse	marmelade de fruits (voir page 17)	150 ml
	ou d'orange et d'ananas (voir page 152)	
½ tasse	raisins secs	125 ml
½ tasse	noix hachées	125 ml

Dans un grand bol, battre en crème le beurre et le granulé SPLENDA®. Incorporer le lait et la vanille. Mettre en attente.

Dans un autre bol, rassembler la farine, le bicarbonate et le sel. Incorporer au mélange en attente. Ajouter les flocons d'avoine, la marmelade, les raisins secs et les noix. Bien mélanger.

Déposer à la petite cuiller (5 ml) sur une tôle à biscuits légèrement graissée. Cuire à 180 °C (350 °F) pendant 12 minutes, ou jusqu'à ce qu'ils blondissent légèrement.

Donne 66 biscuits

Deux biscuits
126 calories; 2,8 g de protéines; 6,2 g de m.g.;
15,6 g de glucides; 1,2 g de fibres alimentaires.
1 ■ + 1 ▲

Abricotines

C'est à l'une de mes très bonnes amies, Mary Converse,
originaire du Montana, que je dois cette succulente recette.

2 tasses	abricots secs	500 ml
1 tasse	granulé SPLENDA®	250 ml

Pâte:

3 tasses	farine tout usage	750 ml
⅓ tasse	granulé SPLENDA®	75 ml
¼ c. à thé	sel	1 ml
8 oz	fromage à la crème faible en m.g.	250 g
	(voir page 16)	
1 tasse	beurre ramolli	250 ml

Découper les abricots en morceaux d'environ 5 mm (¼ po).

Dans une casserole épaisse, rassembler les abricots et le granulé SPLENDA®. Ajouter tout juste suffisamment d'eau pour couvrir les abricots. Faire cuire à feu doux, sans couvrir, pendant environ 30 minutes, ou jusqu'à ce que l'eau soit évaporée et que les abricots soient moelleux.

Confection de la pâte: Dans un bol, rassembler la farine, le granulé SPLENDA® et le sel.

Dans un robot muni de son couteau à pâtisserie, battre le fromage et le beurre en crème. Ajouter les ingrédients secs et mélanger jusqu'à ce que la pâte se roule en boule.

Diviser la pâte. Abaisser chaque segment sur un plan de travail fariné pour lui donner environ 3 mm (⅛ po) d'épaisseur. Tailler les biscuits à l'emporte-pièce (cercles dentelés de 8 cm ou 3 po).

Les abricoter en déposant ½ c. à thé (2 ml) d'abricots sur chaque biscuit. Rabattre les extrémités vers le centre et bien les lier.

Disposer sur une plaque à biscuits non graissée mais antiadhésive à 2,5 cm (1 po) les uns des autres. Cuire à 180 °C (350 °F) 12 à 15 minutes, ou jusqu'à ce qu'ils blondissent. Retirer du four et laisser reposer sur une grille.

Donne 72 biscuits

Un biscuit
60 calories; 1,0 g de protéines; 3,4 g de m.g.;
6,8 g de glucides; 0,5 g de fibres alimentaires.
½ ∎ + ½ ▲

Pavés au citron

*Biscuits moelleux et si délicieusement parfumés que l'on s'en régale,
même sans glaçage! On ne givre que les biscuits qui seront consommés
le jour même. Pour les rendre plus secs, les laisser reposer une nuit,
sans les couvrir, et les glacer tout juste avant de servir.*

½ tasse	beurre ou margarine en crème	125 ml
2 tasses	farine tout usage	500 ml
1 ¼ tasse	granulé SPLENDA®	300 ml
½ tasse	crème sure légère	125 ml
2	blancs d'œuf	2
2 c. à soupe	zeste de citron	25 ml
1 c. à thé	poudre à pâte	5 ml
¼ c. à thé	bicarbonate de soude	1 ml

Givrage:

2 c. à soupe	fromage cottage léger	25 ml
4 oz	fromage à la crème léger (voir page 16)	125 g
⅓ tasse	granulé SPLENDA®	75 ml
2 c. à soupe	jus de citron	25 ml
2 c. à thé	zeste de citron	10 ml
1 goutte	colorant alimentaire jaune	1 goutte

Dans un robot culinaire muni de son couteau à pâtisserie, battre le beurre,
puis ajouter 250 ml (1 tasse) de farine. Ajouter le reste de farine, le granulé
SPLENDA®, la crème sure, les blancs d'œuf, le zeste de citron, la poudre à pâte
et le bicarbonate. Battre à petite vitesse jusqu'à ce que la pâte se roule en
boule, puis plus vigoureusement tout en détachant périodiquement la pâte de
la paroi du bol.

Déposer en boules à la petite cuiller (5 ml) sur une tôle à biscuits non
graissée. Aplatir avec le dos de la cuiller pour obtenir un biscuit de 5 cm (2 po)
de diamètre. Cuire à 190 °C (375 °F) de 8 à 10 minutes. Laisser reposer sur une
grille. Conserver dans une boîte métallique.

Givrage: Dans un robot culinaire muni de son couteau, battre le fromage
blanc (cottage) en crème, puis ajouter le fromage en crème, le granulé SPLEN-
DA®, le jus et le zeste de citron et le colorant alimentaire. Battre pour obtenir
un mélange homogène. Étaler sur les biscuits peu de temps avant de les servir.
Tenir toute portion inutilisée de cette préparation au réfrigérateur.

Donne 48 biscuits

Deux biscuits
100 calories; 2,4 g de protéines; 5,4 g de m.g.;
10,6 g de glucides; 0,4 g de fibres alimentaires.
½ ■ + ½ ✱ + 1 ▲

Amandines

½ tasse	margarine ramollie	125 ml
2 ¾ tasses	farine tout usage	675 ml
1 ⅓ tasse	granulé SPLENDA®	325 ml
⅓ tasse	lait écrémé	75 ml
1	œuf	1
½ c. à thé	poudre à pâte	2 ml
½ c. à thé	essence d'amande ou de vanille	2 ml

Garniture fraises et amandes:

⅔ tasse	compote de fraises (voir page 17)	150 ml
2 c. à thé	fécule de maïs	10 ml
½ tasse	amandes, rôties et finement moulues	125 ml
4 gouttes	colorant alimentaire rouge (facultatif)	4 gouttes

Dans un robot, battre la margarine en crème. Ajouter 250 ml (1 tasse) de farine et mélanger. Incorporer le granulé SPLENDA®, le lait écrémé, l'œuf, la poudre à pâte et l'essence d'amande ou de vanille. Bien mélanger. Incorporer 425 ml (1 ¾ tasse) de farine. Façonner deux boules et les aplatir pour former deux disques. Disposer sur un papier sulfurisé (ciré) ou une pellicule plastique. Laisser reposer, au frais, pendant 1 heure.

Garniture: Dans une petite casserole, rassembler la compote de fraises et la fécule de maïs. Amener à ébullition à feu doux. Retirer du feu. Incorporer les amandes et le colorant alimentaire. Mettre en attente.

Abaisser chaque disque pour former deux rectangles de 30 x 20 cm (12 x 8 po). Étaler la garniture. Se servir d'une spatule pour soulever la pâte et l'enrouler de son côté le plus long, un peu comme une bûche. Pour confectionner de plus gros biscuits, enrouler la pâte de son côté le plus court. Enrouler chaque rouleau cylindrique dans un papier sulfurisé (ciré). Mettre au frais de 2 à 12 heures.

Découper en rondelles de 5 mm (¼ po). Étaler sur une tôle graissée tapissée de papier d'aluminium. Cuire à 190 °C (375 °F) pendant 9 à 11 minutes, ou jusqu'à ce que les biscuits blondissent. Sortir du four et démouler sur une grille.

Donne 52 petits biscuits ou 44 superbiscuits

Un petit biscuit
52 calories; 1,1 g de protéines; 2,3 g de m.g.;
6,7 g de glucides; 0,3 g de fibres alimentaires.
½ ■ + ½ ▲

Fondants au chocolat et aux noix

Un fondant succulent, riche et irrésistible.

4	blancs d'œuf	4
½ tasse	compote de pommes non sucrée	125 ml
⅓ tasse	huile végétale	75 ml
¼ tasse	crème à tartiner aux raisins (voir page 17)	50 ml
2 c. à thé	essence de vanille	10 ml
1 ½ tasse	granulé SPLENDA®	375 ml
1 ¼ tasse	farine tout usage	300 ml
½ tasse	poudre de cacao	125 ml
¼ c. à thé	sel	1 ml
	fondant au chocolat (voir page 143)	

Dans un grand bol, monter les blancs d'œuf en neige. Incorporer la compote de pommes, l'huile, la crème à tartiner et la vanille. Mettre en attente.

Rassembler le granulé SPLENDA®, la farine, le cacao et le sel. Incorporer au mélange en attente et mélanger.

Répartir dans un moule à gâteau de 2 litres (8 po de côté) et aplatir à l'aide de la lame d'un couteau. Cuire à 180 °C (350 °F) pendant 20 minutes. Laisser refroidir. Napper de son fondant au chocolat. Découper en carrés.

Donne 16 fondants

Variante

Garnir de 75 ml (⅓ tasse) de copeaux de noix.

Une portion avec son glaçage
135 calories; 3,4 g de protéines; 6,7 g de m.g.;
17,3 g de glucides; 2,4 g de fibres alimentaires.
1 ■ + 1 ½ ▲

Délices aux fraises

Croûte:

1 ¼ tasse	farine tout usage	300 ml
¼ tasse	granulé SPLENDA®	50 ml
6 c. à soupe	beurre ou margarine fondue	90 ml

Garniture:

8 oz	fromage à la crème faible en m.g. (voir page 16)	250 g
⅔ tasse	lait concentré à la SPLENDA® (voir page 146)	150 ml
1 boîte	(30 g) pouding à la vanille léger (voir page 17)	1 boîte
¼ tasse	lait écrémé	50 ml
¼ tasse	eau	50 ml
1 c. à thé	essence de vanille	5 ml

Nappage:

27	petites fraises, découpées en deux	27
2 boîtes	(11 g chaque) gélatine hypocalorique à saveur de fraise	2 boîtes
2 tasses	eau bouillante	500 ml

Croûte: Dans un petit bol, rassembler la farine et le granulé SPLENDA®. Incorporer le beurre à la fourchette. Foncer un moule de 23 x 33 cm (9 x 13 po). Cuire à 180 °C (350 °F) pendant 10 à 15 minutes, ou jusqu'à ce que la croûte blondisse. Laisser refroidir.

Garniture: Battre le fromage, le granulé SPLENDA® et le lait concentré pour obtenir un mélange homogène. Incorporer les autres ingrédients. Battre à petite vitesse pendant 2 à 3 minutes. Étaler uniformément dans la croûte.

Nappage: Déposer les moitiés de fraises en 9 colonnes de 6 rangées. Laisser refroidir pendant 30 minutes. Dissoudre la gélatine dans de l'eau bouillante. Laisser refroidir à température ambiante et verser sur la garniture. Tenir au frais jusqu'à consistance ferme.

Donne 54 délices

Un délice
50 calories; 1,4 g de protéines; 2,8 g de m.g.;
4,6 g de glucides; 0,3 g de fibres alimentaires.
½ ■ + ½ ▲

Pavés à l'anglaise

*Ces pavés sont de consistance un peu plus ferme que les tartelettes
plus classiques. Cette croûte peut très bien servir à la confection de gâteau
au fromage (voir l'analyse nutritionnelle ci-dessous et les trucs du pro à la page 13).*

Pâte brisée:

1 tasse	farine tout usage	250 ml
3 c. à soupe	granulé SPLENDA®	45 ml
⅛ c. à thé	sel	0,5 ml
⅓ tasse	beurre fondu	75 ml

Garniture:

2	œufs	2
1 c. à soupe	beurre fondu	15 ml
1 c. à thé	essence de vanille	5 ml
1 tasse	granulé SPLENDA®	250 ml
2 c. à soupe	farine tout usage	25 ml
½ c. à thé	poudre de cannelle	2 ml
¼ c. à thé	poudre à pâte	1 ml
1 pincée	sel	0,5 ml
1 tasse	raisins de Corinthe	250 ml

Pâte brisée: Dans une petite terrine, travailler ensemble à la fourchette la farine, le granulé SPLENDA®, le sel et le beurre. Abaisser la pâte et en foncer un moule à gâteau de 2 litres (8 po de côté). Cuire à 180 °C (350 °F) pendant 10 minutes.

Garniture: Dans un bol, battre les œufs à la fourchette. Incorporer le beurre et la vanille. Mettre en attente.

Dans un autre bol, rassembler le granulé SPLENDA®, la farine, la poudre de cannelle, la poudre à pâte et le sel. Ajouter les raisins secs et incorporer au mélange en attente. Verser dans la croûte. Cuire à 180 °C (350 °F) pendant 15 à 20 minutes, ou jusqu'à ce que les bords blondissent et que les pavés aient une consistance plus ferme.

Donne 25 pavés

Un pavé
76 calories; 1,3 g de protéines; 3,4 g de m.g.;
10,5 g de glucides; 0,6 g de fibres alimentaires.
1 ∎ + ½ ▲

Une portion de croûte pour gâteau au fromage = ¹⁄₁₂ de la recette
85 calories; 1,1 g de protéines; 5,2 g de m.g.;
8,0 g de glucides; 0,3 g de fibres alimentaires.
½ ∎ + 1 ▲

Pavés en fête

(Illustration dans les cahiers photos)

Cette gâterie tendre et moelleuse donnera un air de fête à tout repas entre amis. Tenez-les au congélateur, vous les aurez à portée de la main.

1 ½ tasse	farine tout usage	375 ml
⅓ tasse	granulé SPLENDA®	75 ml
⅛ c. à thé	sel	0,5 ml
½ tasse	beurre ou margarine fondu	125 ml

Garniture:

2	œufs légèrement battus	2
1	blanc d'œuf légèrement battu	1
⅔ tasse	lait écrémé	150 ml
1 c. à thé	essence de vanille	5 ml
1 ⅔ tasse	granulé SPLENDA®	400 ml
½ tasse	farine tout usage	125 ml
1 c. à thé	poudre à pâte	5 ml
¼ c. à thé	sel	1 ml
2 c. à soupe	zeste d'orange	25 ml
1 ½ tasse	canneberges fraîches ou surgelées	375 ml
½ tasse	noix de coco non sucrée, râpée	125 ml
½ tasse	noix de pacanes effilées	125 ml
⅓ tasse	raisins de Corinthe, hachés	75 ml

Dans une petite terrine, travailler ensemble à la fourchette la farine, le granulé SPLENDA®, le sel et le beurre. Abaisser la pâte et en foncer un moule à gâteau rectangulaire de 23 x 33 cm (9 x 13 po). Cuire à 180 °C (350 °F) pendant 10 minutes.

Garniture: Dans un bol, rassembler les œufs, le blanc d'œuf, le lait et la vanille. Mettre en attente.

Dans un autre bol, rassembler le granulé SPLENDA®, la farine, la poudre à pâte, le sel et le zeste d'orange. Incorporer au mélange en attente.

Dans un robot culinaire, morceler les canneberges. Ajouter les canneberges, la noix de coco, les noix de pacanes et les raisins secs à la pâte. Étaler uniformément dans la croûte. Cuire à 180 °C (350 °F) pendant 25 minutes, ou jusqu'à ce que les bords blondissent. Au sortir du four, découper en carrés. Laisser reposer dans le moule, sur une grille.

Donne 36 pavés

Un pavé
83 calories; 1,6 g de protéines; 4,4 g de m.g.;
9,6 g de glucides; 0,7 g de fibres alimentaires.
½ ■ + 1 ▲

Pavés chocolatés à la noix de coco

Tendres et somptueux. Le fructose en poudre se trouve dans des magasins d'alimentation naturelle et dans la plupart des supermarchés.

⅔ tasse	lait concentré à la SPLENDA® (voir page 146)	150 ml
1 ½ oz	chocolat amer, fondu	45 g
2 c. à soupe	fructose en poudre (voir page 16)	25 ml
2 c. à thé	essence de vanille	10 ml
2 tasses	noix de coco non sucrée, râpée	500 ml
½ tasse	granulé SPLENDA®	125 ml

Dans un grand bol, rassembler le granulé SPLENDA®, le lait concentré, le chocolat, les granules de fructose et la vanille. Mettre en attente.

Dans une terrine, mélanger la noix de coco et le granulé SPLENDA®. Bien incorporer au mélange en attente.

Arroser un moule à gâteau de 2 litres (8 po de côté) d'un enduit végétal. Étaler uniformément la préparation et bien la tasser. Laisser reposer au frais, sans couvrir, pendant toute une nuit.

Donne 36 pavés

Un pavé
59 calories; 1,1 g de protéines; 4,5 g de m.g.;
4,3 g de glucides; 0,5 g de fibres alimentaires.
½ ✱ + 1 ▲

Petits fours Lamingtons

Délicieuse! Voici la variante maison d'une gâterie très populaire en Afrique du Sud et en Australie... mais il vaut mieux savourer ces délices le jour de leur confection.

2 tasses	farine à pâtisserie (voir page 15)	500 ml
1 c. à thé	poudre à pâte	5 ml
2	œufs	2
2	blancs d'œuf	2
1 tasse	granulé SPLENDA®	250 ml
½ tasse	jus d'ananas chaud	125 ml
3 c. à soupe	beurre fondu	45 ml

Garniture à la noix de coco:

1 ½ tasse	noix de coco non sucrée, râpée	375 ml
⅓ tasse	granulé SPLENDA®	75 ml

Trempette au chocolat:

1 tasse	fondant au chocolat (voir page 143)	250 ml
⅔ tasse	lait écrémé	150 ml

Dans un grand bol, rassembler la farine et la poudre à pâte. Mettre en attente.

Dans une terrine, mousser ensemble les œufs, les blancs d'œuf et le granulé SPLENDA®. Verser sur les ingrédients secs en attente et incorporer en se servant d'une cuiller en bois.

Dans un petit bol, rassembler le jus d'ananas et le beurre. Incorporer à la pâte.

Répartir à la cuiller dans un moule à gâteau graissé de 2 litres (8 po de côté). Se servir de la lame d'un couteau pour aplatir et uniformiser la surface. Cuire à 180 °C (350 °F) pendant 20 minutes, ou jusqu'à ce qu'un bâtonnet, inséré au centre, en ressorte propre. Passer la lame d'un couteau pour démouler, poser une grille de service sur le moule et retourner. Retirer toute croûte sèche et découper en 25 morceaux.

Garniture à la noix de coco: Dans une terrine, rassembler la noix de coco et le granulé SPLENDA®.

Trempette au chocolat: Dans une casserole épaisse ou dans un bain-marie, mousser et réchauffer ensemble la sauce au chocolat et le lait écrémé. Laisser refroidir légèrement. À l'aide d'une fourchette, plonger entièrement chaque morceau de gâteau dans son chocolat, puis le rouler dans la noix de coco. Déposer sur une grille et laisser reposer.

Donne 25 morceaux

Un caprice
114 calories; 2,9 g de protéines; 5,7 g de m.g.;
13,8 g de glucides; 1,2 g de fibres alimentaires.
½ ■ + ½ ✳ + 1 ▲

Régals de Nanaimo

Si appétissants... un régal de roi. (Illustration dans les cahiers photos)

1 tasse	chapelure de biscuits Graham	250 ml
½ tasse	granulé SPLENDA®	125 ml
⅓ tasse	noix de coco râpée, non sucrée	75 ml
2 c. à soupe	poudre de cacao	25 ml
¼ tasse	beurre, fondu	50 ml
1	œuf battu	1

Crème anglaise:

2 c. à thé	gélatine non aromatisée	10 ml
1 c. à soupe	eau froide	15 ml
¾ tasse	granulé SPLENDA®	175 ml
¼ tasse	préparation pour crème anglaise	50 ml
2 tasses	lait écrémé à 2 %	500 ml

Nappage au chocolat:

2 oz	chocolat mi-sucré	60 g
2 c. à soupe	beurre	25 ml
¼ tasse	granulé SPLENDA®	50 ml
2 c. à soupe	lait évaporé à 2 %	25 ml

Dans un bol, combiner la chapelure de biscuits Graham, le granulé SPLEN-DA®, la noix de coco et le cacao. Incorporer le beurre et les œufs. Étaler uniformément la préparation et bien la tasser dans un moule à gâteau de 2 litres (8 po de côté). Cuire à 180 °C (350 °F) pendant 8 à 10 minutes. Laisser refroidir.

Crème anglaise: Saupoudrer la gélatine dans l'eau froide; mettre en attente. Dans une casserole épaisse, rassembler le granulé SPLENDA® et la préparation pour crème anglaise. Ajouter peu à peu le lait et tourner, à l'aide d'un fouet, jusqu'à ce que le mélange soit homogène. Amener à ébullition à feu doux en remuant souvent. Retirer du feu. Incorporer la gélatine en attente. Couvrir d'une pellicule plastique; laisser refroidir. Étaler uniformément sur la croûte. Réfrigérer pendant 20 minutes, ou jusqu'à ce qu'il ait pris une consistance ferme, avant d'étaler la prochaine couche.

Nappage au chocolat: Dans une petite casserole, faire fondre le chocolat avec le beurre à feu doux. Ajouter le granulé SPLENDA® et le lait en remuant souvent jusqu'à épaississement. Étaler uniformément sur la crème anglaise. Réfrigérer.

Donne 25 régals

Un régal
87 calories; 1,8 g de protéines; 5,5 g de m.g.;
8,7 g de glucides; 0,5 g de fibres alimentaires.
½ ■ + 1 ▲

Régals à l'ananas

Ces délectables carrés suffiront à nourrir une foule d'amis.
Les nôtres, Horst, Annette et leurs enfants s'en sont régalés!

croûte de biscuits Graham (voir page 91)

Garniture:

2 tasses	fromage ricotta partiellement écrémé	500 ml
8 oz	fromage à la crème faible en m.g. (voir page 16)	250 g
1 boîte	(398 ml/14 oz) de pulpe d'ananas sans sucre	1 boîte
2 enveloppes	gélatine non aromatisée	2 enveloppes
2 tasses	préparation hypocalorique pour desserts (voir page 17)	500 ml
1 tasse	granulé SPLENDA®	250 ml
1 c. à thé	essence de vanille	5 ml
1 c. à soupe	chapelure de biscuits Graham	15 ml

Étaler la croûte dans un moule à gâteau de 3 litres (13 x 9 po); cuire seulement 5 minutes à 180 °C (350 °F).

Garniture: Dans un robot culinaire, battre le fromage ricotta en crème. Ajouter le fromage à la crème; battre lentement pendant 1 minute. Mettre en attente.

Égoutter l'ananas et mettre 125 ml (½ tasse) de son jus de côté. Dans une petite casserole, ramollir la gélatine dans 50 ml (¼ tasse) de jus d'ananas; ajouter le restant du jus et laisser dissoudre à feu doux. Incorporer au mélange en attente. Ajouter la préparation, le granulé SPLENDA® et l'essence de vanille. Battre jusqu'à consistance lisse. Garnir de chapelure de biscuits Graham. Réfrigérer.

Donne 40 régals

Un régal
56 calories; 2,6 g de protéines; 2,8 g de m.g.;
5,3 g de glucides; 0,2 g de fibres alimentaires.
½ ∎ + ½ ▲

Glaçages, nappages, crèmes à tartiner et confitures

· ·

Mousseline de fraises

Fondant au chocolat

Glaçage au chocolat

Glaçage des rois

Lait concentré à la SPLENDA®

Coulis de pêche

Coulis de rhubarbe

Crème pâtissière parfumée au rhum

Sirop à la vanille

Beurre aux pommes

Beurre à la cannelle

Confiture d'abricots

Confiture de framboises

Marmelade d'oranges et d'ananas

Mousseline de fraises

Rouge de plaisir! Légèrement rosé, ce délicieux nappage plaît à l'œil et au goût.
Pour en rehausser la couleur, ajoutez quelques gouttes de colorant alimentaire.

4	grosses fraises non sucrées et surgelées	4
2 tasses	préparation hypocalorique pour desserts	500 ml
⅓ tasse	granulé SPLENDA®	75 ml
2 c. à soupe	yogourt nature	25 ml

Dégeler légèrement les fraises; les sécher et les trancher finement. Dans un bol, battre ensemble la préparation pour dessert, le granulé SPLENDA®, le yogourt et les fraises.

Donne 750 ml (3 tasses), ou 6 portions

Une portion
45 calories; 1,3 g de protéines; 2,1 g de m.g.;
5,7 g de glucides; 0,2 g de fibres alimentaires.
½ ✳ + ½ ▲

• •

Fondant au chocolat

Ce nappage épaissit au réfrigérateur; passez-le quelques secondes
au micro-ondes pour le rendre plus onctueux.

2 c. à soupe	margarine	25 ml
1 tasse	granulé SPLENDA®	250 ml
½ tasse	poudre de cacao	125 ml
⅓ tasse	crème à tartiner aux raisins (voir page 17)	75 ml
3 c. à soupe	lait condensé écrémé	45 ml
2 c. à soupe	poudre de lait écrémé	25 ml
1 c. à thé	essence de vanille	5 ml

Dans un robot culinaire, combiner la margarine, le granulé SPLENDA®, le cacao, la crème à tartiner, le lait condensé, la poudre de lait et l'essence de vanille; battre pour obtenir un mélange lisse.

Dans une petite casserole épaisse, cuire à feu doux, en remuant, jusqu'à l'obtention d'une crème lisse et bien chaude.

Servir immédiatement ou couvrir et réfrigérer.

Donne 250 ml (1 tasse)

Une cuiller à soupe
30 calories; 1,0 g de protéines; 1,4 g de m.g.;
4,6 g de glucides; 1,0 g de fibres alimentaires.
½ ✳

Glaçage au chocolat

*Richement délectable! Le fructose (sucre de fruits) se trouve
dans les magasins d'alimentation naturelle et dans les supermarchés.*

1 oz	chocolat amer	30 g
3 c. à soupe	beurre	45 ml
3 c. à soupe	poudre de cacao	45 ml
½ tasse	lait condensé écrémé	125 ml
1 tasse	granulé SPLENDA®	250 ml
⅓ tasse	crème à tartiner aux raisins (voir page 17)	75 ml
¼ tasse	fructose en poudre (voir page 16)	50 ml
3 enveloppes	garniture hypocalorique pour desserts (voir page 17) (donne 750 ml/3 tasses)	3 enveloppes
½ tasse	lait écrémé	125 ml

Dans une casserole, faire fondre le chocolat et le beurre à feu doux; incorporer en remuant le cacao. Ajouter peu à peu avec un fouet le lait condensé. Incorporer le granulé SPLENDA®, la crème à tartiner et le fructose. Amener à ébullition en remuant. Étaler uniformément dans un plat peu profond; couvrir et placer au congélateur en attente pendant 1 heure.

Dans un bol, battre ensemble la garniture hypocalorique et 125 ml (½ tasse) de lait écrémé pendant 3 minutes ou jusqu'à épaississement. Incorporer le mélange en attente. En masquer immédiatement deux disques d'un gâteau ou le laisser épaissir un peu plus longuement au frais (si nécessaire). Se conserve une journée au frais. Laisser reposer à température ambiante 2 heures avant de servir.

Donne le volume nécessaire au nappage d'un gâteau à 2 étages (12 tranches)

Variante

Choco-mocha: Incorporer simultanément 10 ml (2 c. à thé) de café instantané et le cacao.

Une tranche
102 calories; 1,9 g de protéines; 5,7 g de m.g.;
12,4 g de glucides; 0,6 g de fibres alimentaires.
1 ✳ + 1 ▲

Glaçage des rois

Il faut mettre le glaçage au frais et le laisser prendre. Si on le préfère plus fluide, il faudra se servir de margarine plutôt que de beurre. Les symboles de l'Association du diabète seront les mêmes, peu importe le parfum.

Glace-mousseline:

⅔ tasse	lait concentré à la SPLENDA® (voir page 146) (fait avec beurre ramolli)	150 ml
4 enveloppes	garniture hypocalorique pour desserts 4 enveloppes (voir page 17) (donne 250 ml/1 tasse)	
⅓ tasse	lait écrémé	75 ml

Glace mousseline: Confectionner le concentré à la SPLENDA® à l'aide de beurre ramolli plutôt que de margarine. Mettre en attente.

Dans un bol, battre ensemble 3 enveloppes de garniture hypocalorique pour desserts et le lait écrémé jusqu'à épaississement. Incorporer le lait concentré à la SPLENDA® et la quatrième enveloppe de la préparation hypocalorique; battre énergiquement à grande vitesse pendant 3 minutes. Masquer deux disques d'un gâteau de cette glace et servir à température ambiante. Couvrir et conserver 2 jours à température ambiante.

Donne le volume nécessaire au nappage d'un gâteau à 2 étages (12 pointes)

Variantes

Mousseline à l'érable: Additionner au goût, en remuant, plus ou moins ¾ c. à thé (4 ml) d'essence d'érable.

Mousseline rosée: Se servir de quelques gouttes de colorant alimentaire rouge.

Mousseline mocha: Dissoudre 7 ml (1 ½ c. à thé) de café en poudre dans 15 ml (1 c. à soupe) d'eau chaude; incorporer au glaçage.

Mousseline à la fleur d'oranger: Ajouter, en remuant, 60 ml (4 c. à soupe) de concentré de jus d'orange et ½ c. à thé d'essence d'orange. Ajouter 2 gouttes de colorant alimentaire jaune et 1 goutte de colorant alimentaire rouge.

Mousseline au citron: Ajouter, en remuant, 45 ml (3 c. à soupe) de jus de citron et 1 ml (¼ c. à thé) d'essence de citron. Ajouter 2 gouttes de colorant alimentaire jaune.

Choco-mousse: Ajouter, en remuant, 75 ml (⅓ tasse) de cacao et 50 ml (¼ tasse) de granulé SPLENDA®, ou 30 g (1 oz) de chocolat amer fondu.

Mousseline à l'amande et au chocolat: Préparer la choco-mousse et ajouter en remuant 2 ml (½ c. à thé) d'essence d'amande.

Une portion de glaçage
72 calories; 2,5 g de protéines; 3,8 g de m.g.;
7,2 g de glucides; 0 g de fibres alimentaires.
½ ◆ écrémé + ½ ✳ + ½ ▲

Lait concentré à la SPLENDA®

C'est à l'une de mes amies, Donna Champion, que je dois cette recette.
Je l'ai adaptée, la rendant... pauvre en calories et en matières grasses.

1 tasse	lait écrémé en poudre	250 ml
1 tasse	granulé SPLENDA®	250 ml
¼ tasse	margarine faible en gras saturés	50 ml
¼ tasse	eau	50 ml

Dans un robot culinaire, battre le lait en poudre, le granulé SPLENDA®, la margarine et l'eau jusqu'à l'obtention d'un mélange homogène.
Donne 150 ml (⅔ tasse)

Une recette
536 calories; 24,2 g de protéines; 22,5 g de m.g.;
59,5 g de glucides; 0 g de fibres alimentaires.
6 ◆ + 2 ½ ✳ + 4 ½ ▲

Coulis de pêche

De confection si rapide et facile!

1 boîte	(398 ml/14 oz) pêches tranchées, sans sucre	1 boîte
¼ tasse	granulé SPLENDA®	50 ml
½ c. à thé	essence de vanille	2 ml

Dans un robot culinaire, battre ensemble le granulé SPLENDA®, les pêches et l'essence de vanille jusqu'à l'obtention d'un mélange homogène.
Donne 500 ml (2 tasses); 50 ml (¼ tasse) par portion

Variante
Coulis de poires antillais: Remplacer les pêches par des poires en conserve.
Ne pas ajouter d'essence de vanille. Ajouter 2 ml (½ c. à thé) de gingembre moulu.

Une portion
27 calories; 0,3 g de protéines; 0 g de m.g.;
6,9 g de glucides; 0,5 g de fibres alimentaires.
½ ∎

Coulis de rhubarbe

Servez-le chaud sur de la crème glacée à la vanille, page 113,
ou sur une tranche de pouding à la rhubarbe, page 57.

9 tasses	rhubarbe (2 cm/½ po) en morceaux	2,25 litres
1 ½ tasse	granulé SPLENDA®	375 ml
¾ tasse	jus d'orange	175 ml
2 c. à soupe	zeste d'orange finement râpé (facultatif)	25 ml
1 ½ c. à soupe	fécule de maïs	22 ml
2 gouttes	colorant alimentaire rouge (facultatif)	2 gouttes

Dans une casserole, rassembler la rhubarbe, le granulé SPLENDA®, le jus d'orange, le zeste d'orange (facultatif) et la fécule de maïs. Amener à ébullition à feu doux, en remuant périodiquement. Poursuivre à petit feu et laisser mijoter, couvert, pendant 12 à 15 minutes, ou jusqu'à ce qu'on puisse écraser la rhubarbe. Ajouter, au choix, 2 gouttes de colorant alimentaire rouge.

Donne 1,25 litre (5 tasses); 125 ml (½ tasse) par portion

Une portion
50 calories, 1,1 g de protéines, 0,2 g de m.g.,
11,6 g de glucides, 2,0 g de fibres alimentaires.
1 ∎

Crème pâtissière parfumée au rhum

Servez-la fraîche sur des fruits frais ou chaude sur une tranche de gâteau.

¼ tasse	granulé SPLENDA®	50 ml
3 c. à soupe	préparation pour crème pâtissière	45 ml
2 tasses	lait écrémé	500 ml
1 c. à soupe	margarine faible en gras saturés	15 ml
1 c. à thé	essence de rhum	5 ml

Dans un petit bol, rassembler le granulé SPLENDA®, la poudre pour crème pâtissière et 50 ml (¼ tasse) de lait. Mettre en attente.

Dans une grande casserole, amener 450 ml de lait (1 ¾ tasse) à ébullition; retirer du feu. Incorporer le mélange en attente et remuer jusqu'à épaississement. Ajouter, en remuant, la margarine et l'essence de rhum. Servir chaud ou couvrir avec une pellicule plastique et réfrigérer. Avant de servir, passez la sauce au robot pour qu'elle soit homogène.

Donne: 500 ml (2 tasses); 50 ml (¼ tasse) par portion

Une portion
43 calories; 2,1 g de protéines; 0,8 g de m.g.;
6,5 g de glucides; 0 g de fibres alimentaires.
½ ◆ écrémé + ½ ✱

Sirop à la vanille

Le marier délicieusement aux crêpes, aux gaufres ou à la crème glacée.
Le fructose est un sucre de fruits que l'on trouve dans les magasins
d'alimentation naturelle et dans les supermarchés.

3 ½ tasses	granulé SPLENDA®	875 ml
2 tasses	eau	500 ml
½ tasse	fructose en poudre (voir page 16)	125 ml
2 c. à soupe	fécule de maïs	25 ml
2 c. à soupe	beurre ou margarine	25 ml
¼ c. à thé	sel	1 ml
2 c. à thé	essence de vanille	10 ml

Dans une casserole, rassembler le granulé SPLENDA®, l'eau, le fructose, la fécule de maïs, le beurre et le sel; amener à ébullition en remuant périodiquement. Ramener à feu doux, couvrir et laisser mijoter pendant 2 minutes. Retirer du feu et ajouter l'essence de vanille. Verser le sirop dans un pot hermétiquement clos et tenir au frais; pour servir, brasser et réchauffer légèrement au micro-ondes.

Donne: 625 ml (2 ½ tasses)

Variantes

Sirop d'érable: Remplacer l'essence de vanille par de l'essence d'érable.

Sirop au beurre écossais: Remplacer l'essence de vanille par l'essence de caramel.

Une cuiller à soupe
25 calories; 0 g de protéines; 0,6 g de m.g.;
5,0 g de glucides; 0 g de fibres alimentaires.
½ ✳

Beurre aux pommes

(Illustration dans les cahiers photos.)

Quoi de plus succulent sur des rôties bien chaudes, ou pour agrémenter des muffins à l'anglaise ou des bagels rôtis.

1 boîte	(398 ml/14 oz) compote de pommes non sucrée	1 boîte
¼ tasse	jus de pomme fait de concentré non sucré, surgelé	50 ml
¼ tasse	granulé SPLENDA®	50 ml
½ c. à thé	poudre de cannelle	2 ml
¼ c. à thé	clou de girofle moulu	1 ml
¼ c. à thé	sel	1 ml

Dans une grande casserole, rassembler la compote de pommes, le jus de pomme, le granulé SPLENDA®, la cannelle, le clou de girofle et le sel. Laisser bouillir à feu doux, partiellement couvert, de 40 à 50 minutes ou jusqu'à épaississement. Se conserve dans un pot hermétiquement clos pendant 3 semaines.
Donne 325 ml (1 ⅓ tasse)

Une cuiller à soupe
15 calories; 0,1 g de protéines; 0 g de m.g.;
3,8 g de glucides; 0,3 g de fibres alimentaires.
½ ∎

Beurre à la cannelle

Accompagne merveilleusement bien les rôties ou les muffins chauds.

1 tasse	granulé SPLENDA®	250 ml
⅓ tasse	margarine ramollie (non diététique)	75 ml
3 c. à soupe	lait écrémé	45 ml
2 c. à thé	poudre de cannelle (ou au goût)	10 ml

Dans un robot culinaire, battre le granulé SPLENDA®, la margarine, le lait et la cannelle jusqu'à l'obtention d'un mélange homogène.
Donne 150 ml (⅔ tasse)

Une cuiller à soupe
62 calories; 0,2 g de protéines; 5,7 g de m.g.;
2,8 g de glucides; 0,1 g de fibres alimentaires.
½ ✱ + 1 ▲

Confiture d'abricots

Cette confiture est délicieusement acidulée (voir les trucs du pro à la page 16)

6 tasses	abricots finement hachés avec leur peau	1,5 litre
3 c. à soupe	jus de citron	45 ml
3 tasses	granulé SPLENDA®	750 ml
1 enveloppe	(57 g) de pectine de fruits non sucrée en poudre (voir page 17)	1 enveloppe
½ c. à thé	beurre	2 ml
1 c. à soupe	gélatine non aromatisée	15 ml
1 c. à soupe	eau froide	15 ml

Ébouillanter quatre pots de 250 ml (1 tasse) et leur couvercle pour en assurer la stérilisation.

Dans une grande bassine, verser les abricots et le jus de citron. Ajouter le granulé SPLENDA® et bien mélanger. Ajouter la pectine de fruits. Amener à ébullition à feu vif, en remuant constamment. Incorporer le beurre et laisser bouillir pendant 1 minute. Retirer du feu. Écumer. Verser la gélatine dans de l'eau froide pour la ramollir et l'incorporer à la confiture. Faire immédiatement la mise en pots, en veillant à laisser ½ po (1 cm) de vide entre la confiture et l'orifice. Se conserve 1 an au frais ou au congélateur.

Donne 1 litre (4 tasses)

Variantes

Confiture de fraises: Remplacer les abricots par des fraises surgelées sans sucre, écrasées ou hachées. L'été, se servir de fraises fraîches et leur ajouter, au choix, quelques gouttes de colorant alimentaire rouge. Ne pas ajouter de jus de citron.

Confiture de pêches: Remplacer les abricots par des pêches fraîches finement hachées.

Une cuiller à soupe
15 calories; 0,3 g de protéines; 0,1 g de m.g.;
3,6 g de glucides; 0,3 g de fibres alimentaires.
½ ∎

Confiture de framboises

(Illustration dans les cahiers photos)

*Le fruit du framboisier dans une confiture délicieusement parfumée.
Je cultive mes propres framboises et leur pleine saveur en fait un régal estival.*

5 tasses	framboises	1,25 litre
1 tasse	jus de pomme fait de concentré non sucré, surgelé	250 ml
2 tasses	granulé SPLENDA®	500 ml
1 paquet	(57 g) pectine de fruits non sucrée en poudre (voir p. 17)	1 paquet
½ c. à thé	beurre	2 ml
1 enveloppe	gélatine non aromatisée	1 enveloppe
1 c. à soupe	eau froide	15 ml

Ébouillanter quatre pots de 250 ml (1 tasse) et leur couvercle pour les stériliser.

Dans une grande bassine, écraser les framboises. Ajouter le jus de pomme. Incorporer le granulé SPLENDA® et la pectine de fruits. Amener à ébullition à feu vif, en remuant souvent. Ajouter le beurre. Laisser mijoter pendant 1 minute, en remuant.

Retirer du feu. Écumer, si nécessaire. Ramollir la gélatine dans l'eau froide et incorporer à la confiture. Faire immédiatement la mise en pots, en prenant soin de laisser un vide de ½ po (1 cm) entre la confiture et l'orifice du pot. Se conserve 1 an au frais.

Donne 3 ¾ tasses (925 ml)

Variantes

Confiture de bleuets: Remplacer les framboises par des bleuets frais ou surgelés. Ajouter 2 c. à soupe (25 ml) de jus de citron.

Confiture de fraises: Remplacer les framboises par des fraises fraîches ou surgelées sans sucre. Augmenter le volume de gélatine en plaçant 1 ½ enveloppe dans 2 c. à soupe (25 ml) d'eau froide. (Cette confiture est plus sucrée et plus lisse que celle de la page 150.)

Une cuiller à soupe de confiture de framboises
19 calories; 0,2 g de protéines; 0,1 g de m.g.;
4,6 g de glucides; 0,5 g de fibres alimentaires.
½ ∎

Marmelade d'oranges et d'ananas

*Si facile à préparer que vous voudrez l'avoir en tout temps à portée
de la main, car sa saveur exquise fera des adeptes!*

2	oranges	2
1 boîte	12 oz (355 ml) jus d'ananas fait de concentré non sucré, surgelé	1 boîte
2 tasses	granulé SPLENDA®	500 ml
1 enveloppe	(57 g) pectine de fruits non aromatisée en poudre (voir page 17)	1 enveloppe
¼ c. à thé	beurre	1 ml

Retirer les deux bouts rugueux des oranges et tout morceau sec ou dur.
Découper les oranges en quartiers, retirer la pulpe et épépiner. Hacher finement la pulpe. Couper la pelure en lamelles d'environ ½ po (1 cm) de long.

Verser la pulpe, la pelure taillée et 2 tasses (500 ml) d'eau dans une grande casserole. Amener à ébullition et laisser mijoter à feu doux, couvert, pendant 1 heure, ou jusqu'à ce que les fruits s'écrasent facilement.

Verser 2 tasses (500 ml) du mélange dans une grande bassine. Ajouter
suffisamment d'eau au concentré d'ananas pour en obtenir 2 tasses (500 ml);
incorporer à la marmelade. Ajouter le granulé SPLENDA® et la pectine; bien
mélanger. Amener à ébullition à feu doux en remuant souvent. Ajouter le
beurre et laisser mijoter pendant 1 minute.

Retirer du feu. Attendre 30 secondes, et écumer (si nécessaire). Verser
dans des pots propres en veillant de bien laisser un vide de ½ po (1 cm) entre
la marmelade et l'orifice du pot. Peut se conserver au frais pendant 1 an.

Donne 800 ml (3 ¼ tasses)

Une cuiller à soupe
24 calories; 0,2 g de protéines; 0 g de m.g.;
6,2 g de glucides; 0,4 g de fibres alimentaires.
½ ∎

Index

Table des matières

Achevé d'imprimer au Canada
en avril 2004
sur les presses des Imprimeries Transcontinental Inc.